AF318392

DE
L'ESCRIME

D'APRÈS

LES RÈGLES ET LES PRINCIPES

De nos meilleurs Professeurs

LABOESSIÈRE, GOMARD, LHOMANDIE, JEAN-LOUIS, LAFAUGÈRE

ET GRISIER

PRÉCÉDÉE D'UNE NOTICE HISTORIQUE

SUR LE FLEURET ET LES SALLES D'ESCRIME

PAR A. R. ✳

XVI PLANCHES EXPLICATIVES

PARIS

FÉLIX VERNAY, ÉDITEUR

19, BOULEVARD SAINT-MICHEL, 19

—

1877

937

DE

L'ESCRIME

Typographie Lahure, rue de Fleurus, 9, à Paris.

DE
L'ESCRIME

D'APRÈS

LES RÈGLES ET LES PRINCIPES

De nos meilleurs Professeurs

LABOESSIÈRE, GOMARD, LHOMANDIE, JEAN-LOUIS, LAFAUGÈRE

ET GRISIER

PRÉCÉDÉE D'UNE NOTICE HISTORIQUE

SUR LE FLEURET ET LES SALLES D'ESCRIME

PAR A. R. ✳

XVI PLANCHES EXPLICATIVES

PARIS

FÉLIX VERNAY, ÉDITEUR

19, BOULEVARD SAINT-MICHEL, 19

—

1877

INTRODUCTION

L'escrime est aussi ancienne que la gymnastique.

Elle a eu son éclat en Italie, en Autriche et en France, où elle est restée dans les mœurs. Elle est devenue aujourd'hui une partie essentielle de l'éducation publique.

En donnant à son enseignement une marche basée sur la méthode rationnelle, on arriverait, au moyen d'exercices successifs, à la plus grande simplification possible; elle serait conséquemment à la portée de tous; c'est notre but.

Éclairé donc par l'expérience de nos devanciers

et par celle que nous avons acquise personnellement depuis plus de vingt ans, nous avons cru être utile aux professeurs et aux élèves en publiant ce *Traité*, résumé des principes de nos meilleurs maîtres.

DE L'ESCRIME

PREMIÈRE PARTIE

NOTICE HISTORIQUE

SUR

LE FLEURET ET LES SALLES D'ESCRIME

Le fleuret.

Le fleuret fut inventé sous le règne de Néron. Cet empereur, qui se mêlait à tous les jeux du peuple, augmenta ses bassesses et ses cruautés en se présentant un jour, dans l'arène, avec une épée terrible d'estoc, tandis que ses adversaires n'avaient que des fleurets en étain.

L'empereur Marc-Aurèle fut le premier qui corrigea l'inhumanité des combats de gladiateurs, en donnant à ces malheureux des fleurets en fer, afin qu'ils pussent défendre leur vie.

Le combat à l'épée figurait toujours parmi les jeux gymniques que Rome donnait aux différents peuples, lorsqu'elle était au comble de la puissance.

Plus tard, le fleuret fit partie des exercices du corps et donna naissance à l'escrime consacrée aux études d'adresse et d'agilité; sa légèreté et sa forme firent adopter cette arme en Italie, en France et en Allemagne comme réunissant toutes les conditions pour apprendre à bien manier une épée.

Les salles d'escrime.

Sous le règne de Dioclétien, nous retrouvons dans l'immense et magnifique édifice des Thermes, construit au milieu de Rome, outre les pièces destinées aux bains, tout ce qui était nécessaire pour la promenade et les exercices du corps : avenues d'arbres, portiques, bibliothèques et salles d'escrime.

« L'escrime, a dit un écrivain d'une grande autorité, est autre chose qu'un exercice, c'est un art et, comme dans tous les arts, la conception ingénieuse et l'exécution correcte doivent marcher de pair.

« Les qualités précieuses, acquises le fleuret à

la main, nous suivent en dehors de la salle d'armes. Croyez bien que l'esprit n'a pas acquis sans profit l'abréviation, la sagacité, la netteté. Ces avantages s'impriment lentement dans notre cervelle, mais l'empreinte, faite avec le temps, ne s'efface pas aisément.

« L'homme ne gagne pas seulement à cet admirable exercice des muscles d'acier, une longue haleine, une santé robuste, il y acquiert la patience, le courage, le mépris de la douleur physique et de la fatigue, la vivacité des conceptions, le sang-froid et l'assurance.

« Il n'y a pas au monde de pratique plus efficace pour assurer la santé physique et morale des hommes. »

C'est dans l'armée que le besoin de ce noble et salutaire exercice se fait le plus vivement sentir, car il morigène les instincts du soldat et lui donne l'habitude des convenances usuelles; c'est un élément d'union fondé sur une estime réciproque; il resserre les liens de solidarité d'où naît l'esprit de corps et réveille constamment les sentiments d'honneur.

Il nous est quelquefois donné d'assister à ces brillants carrousels où MM. les officiers de cavalerie rivalisent d'ardeur et d'adresse ; nous engageons vivement tous MM. les officiers à profiter des moyens que M. le ministre de la guerre a mis à leur disposition pour relever l'escrime par leur présence et leur concours tout autant dans les salles que dans les assauts, où se trouvent souvent réunis la robe, la plume et les gens du monde.

PRINCIPES GÉNÉRAUX

1. — L'escrime doit être enseignée avec modération et suivant les dispositions physiques et intellectuelles de l'élève.

Elle doit être un art d'agrément et en quelque sorte un livre où l'élève puisse lire et comprendre aussi facilement que le maître ; et c'est par une progression bien arrangée, en allant du simple au composé, que les connaissances et les idées se multiplient et que l'on acquiert la régularité qui prête à cet exercice le plus bel ornement.

Cette progression, nos auteurs modernes, Laboëssière, Lafaugère, Grisier, Gomard et tant d'autres ne l'ont pas observée dans leur théorie des leçons d'escrime, et souvent les élèves et même les maîtres enseignants ne peuvent trouver l'article qui les intéresse.

Jean Louis nous a laissé ses quatre premières reprises connues par ses élèves, un peu rares aujourd'hui ; elles nous donnent un ensemble de mouvements où tout s'explique et s'enchaîne par les combinaisons les plus attrayantes.

Nous n'avons qu'un regret : c'est de ne posséder aucun écrit de cet excellent démonstrateur.

2. — Bien comprise et renfermée dans les vrais principes, l'escrime doit avoir ses formes courtoises, son application simple dans l'explication, sévère dans la démonstration, propre à ouvrir le jugement de l'élève afin de lui donner le goût des armes, et enfin l'union de l'intelligence avec les forces physiques pour faire naître toutes les qualités précieuses qui en sont le résultat.

3. — Les premiers principes exigent de la part du maître de la patience et du travail, afin d'épargner à l'élève des fatigues inutiles et des longueurs décourageantes.

Il faut expliquer et démontrer, tout en conservant soi-même les positions que l'on veut faire prendre à l'élève qui, observateur de sa nature, ne manquera pas de fixer les yeux sur les mouvements et les poses de son maître à seule fin de combler la lacune qui pourrait exister dans son esprit, après l'explication.

Par suite de ce mode d'instruction, l'élève pourra devenir fort et beau en salle ; autrement, il tomberait dans une médiocrité que rien ne pourrait faire disparaître.

4. — D'autre part, l'élève qui tient à devenir

fort et beau tireur, doit laisser tout amour-propre de côté, n'avoir en vue que de s'exercer pour apprendre, sans chercher à toucher quand même, et bien se pénétrer que la violence est une faiblesse et que la précipitation est une faute.

5. — Il faut donc ne suivre que la leçon : tirer, se relever, parer et riposter, c'est le seul moyen d'acquérir une grande habitude. Puis, par une succession non interrompue de coups portés et rendus [1] : attaquer par des coups simples ou composés, tromper toutes les parades, en un mot, résumer les premiers principes qui sont, après la garde et le développement, la base essentielle pour arriver progressivement à l'assaut.

6. — Pour arriver à ce qui précède, il faut, avant d'agir, voir net et deviner juste, surprendre les fautes de l'adversaire pour l'attaquer, saisir avec à-propos et justesse le fond de son attaque pour parer et riposter [2].

On fait preuve, alors, d'un grand sang-froid et

1. En escrime, une suite de coups portés et de ripostes ou même de contre-ripostes, cela s'appelle : la phrase. Aussitôt le coup reçu, on recommence une nouvelle phrase.

2. L'à-propos est une qualité intellectuelle : c'est saisir l'adversaire sur la finale de son mouvement au départ du corps. La justesse est une qualité physique : c'est exécuter comme il faut, c'est-à-dire d'après le principe.

Toutes deux participent également à la réussite de tous les mouvements de l'escrime.

d'une extrême souplesse, fruit d'un travail judicieusement combiné.

Toutefois on ne pourra jamais parvenir à ces conditions de succès, si l'on ne possède les qualités premières d'une bonne instruction.

Nous allons indiquer celles qui nous paraissent d'une grande importance.

L'assouplissement.

7. — C'est délier les jointures et assouplir les muscles.

C'est dans la garde, le développement et la marche que cette partie se produit dans toute sa beauté[1] par la fermeté sur les jambes, la souplesse et l'équilibre du corps, la connaissance de la mesure[2], la promptitude dans l'exécution, la précision aux parades, aux ripostes et à la retraite.

Les premières leçons doivent être employées uniquement pour l'assouplissement, et nous irons plus loin en conseillant de les donner sans fleuret aux commençants.

---

1. On en trouvera les détails dans la définition de ces trois mouvements.

2. On appelle mesure la distance raisonnable qui doit exister entre deux tireurs, et de laquelle ils peuvent se toucher.

La tenue du corps.

8. — Il faut empêcher le corps de partir trop tôt; c'est un défaut des plus difficiles à vaincre.

La main doit toujours précéder le mouvement du départ du corps, par une vive tension de la saignée, la pointe restant toujours libre et indépendante, c'est-à-dire dominant un peu le talon de l'épée adverse, autrement le bouton donne dans la garde du pareur.

Les doigts.

9. — L'action des doigts a aussi son importance. Le pouce et l'index doivent seuls tenir la poignée; le doigt du milieu la touche à peine pour la maintenir sous le gras du pouce et pour conduire facilement la pointe; les deux derniers doigts sont à peine fermés.

Si l'on serrait la poignée, les mouvements deviendraient trop larges, la main se fatiguerait promptement et la pointe ne se maintiendrait pas dans la juste direction du corps de l'adversaire, ce qui produirait inévitablement une perte de temps dans la riposte.

10. — Lorsque la main est arrivée à son degré de hauteur — après le développement, — on ne doit tenir le fleuret que des trois premiers doigts,

et dans cet état on est maître du faible (la pointe)
de l'épée adverse, par la raison qu'il n'y a pas de
force dans la pointe ; cependant la main doit tenir
le fleuret avec assez de force, en portant un coup
ou en exécutant une parade.

Généralement, les maîtres ont la manie de
fausser la lame à la garde ou à la pointe pour
la faire plonger sans l'action naturelle de la
main.

Il n'y a rien de plus défectueux : la lame doit
être droite dans n'importe quel usage de l'é-
pée.

La main, par sa rotation sur les muscles du
poignet et la courbe qu'elle décrit en formant les
mouvements d'opposition, se complète par la pression du pouce sur la poignée du fleuret pour
l'empêcher (la main) de sortir des limites du corps.
Elle obéit au jugement du tireur comme agent
d'exécution d'une extrême vitesse, suivie par le
déploiement instantané des ressorts du jarret gauche qui pousse en avant la jambe droite, le genou
droit restant toujours perpendiculaire à la cheville du pied.

Marcher et rompre.

11. — *Marcher*, c'est se rapprocher de l'adversaire, autrement dit, c'est se mettre à portée de
le toucher, en faisant un pas en avant sans déranger la position du corps.

Il faut exécuter le mouvement avec beaucoup de prudence, se bien couvrir par sa garde, le pied gauche suivant régulièrement le mouvement du pied droit, en maintenant la distance de deux semelles, les deux genoux fléchis comme il sera indiqué à la position de la garde, le pied droit rasant la planche, la pointe du pied un peu en dehors, le pied gauche se replaçant à plat sur la planche et sans la frapper, sentir toujours le fer de son adversaire, sans quoi l'on s'expose à être touché.

12. — *Rompre*, c'est le sens inverse de la marche; on porte le pied gauche en arrière par un mouvement plus accentué, en conservant la distance de deux semelles entre les deux talons afin de bien conserver les lignes et l'aplomb.

Toutefois les marches, en vue du danger qu'elles présentent, doivent toujours être petites, soit en avant, soit en retraite, et d'une subtilité telle qu'elles paraissent faites d'un seul temps, quoiqu'elles en aient deux.

13. — Le mouvement de marcher et de rompre doit toujours terminer la leçon, afin que son application soit facile et naturelle à l'élève.

De l'attaque et de la défense.

14. — Toute lutte à l'arme blanche se fait dans les conditions suivantes : *L'attaque et la défense.*

L'attaque à l'épée, c'est prendre l'initiative en tirant avec opposition, c'est-à-dire en se couvrant dans la ligne où l'on attaque.

L'attaque est franche lorsqu'elle n'est précédée d'aucun mouvement autre que ceux du poignet ou pressions sur le fer de l'adversaire pour le déconcerter et le toucher pendant son trouble.

L'attaque est faite sur préparation lorsqu'on l'effectue au moment où l'adversaire se dispose à porter un coup quelconque dénoncé par un battement, par exemple.

Gomard dit à ce sujet que l'attaque qui offre le plus de sécurité est celle que l'on fait sur un tireur qui marche.

Les attaques à l'épée, en raison de leur importance, demandent le plus grand soin et l'emploi de la ruse. C'est ici le cas de dire comme Machiavel : *Non è tutto d'esser leone, bisogna pure essere volpe*, que nous traduirons ainsi : ce n'est pas tout d'être fort, il faut aussi être rusé.

L'attaque demande beaucoup de jugement, de présence d'esprit et de sang-froid, car elle a pour but de surprendre l'adversaire et de neutraliser tous ses moyens de défense.

On attaque de pied ferme ou en marchant; dans

l'un et l'autre cas il faut s'assurer de l'épée ennemie, la sentir constamment, d'autant plus qu'il
est dit dans les règles de l'escrime que l'épée doit
avoir pour conducteur l'épée de l'adversaire.

15. — La défense est le mouvement qui consiste à parer d'abord et à porter ensuite un coup
ou riposte à l'attaque de l'adversaire.

C'est donc la parade qui constitue la défensive ;
elle est la partie la plus essentielle des armes, et
cependant c'est celle que l'on voit le plus négliger dans nos salles. Aussi, nous voyons tous les
jours que les élèves qui ont négligé d'apprendre à
parer avec précision, s'attachent surtout à tirer
sur tous les mouvements, ce qui amène souvent
le coup pour coup (coup fourré) parce qu'ils n'ont
pas, dans leur précipitation, écarté suffisamment
le bouton du fleuret qui se casse quelquefois, non
sans quelque danger.

16. — Il importe, dans les premiers exercices,
de tenir la main à ce que l'élève s'observe dans ses
mouvements de défense, et une fois qu'il sera bien
affermi dans la formation des parades, on l'amène
à tirer avec vivacité, en faisant mouvoir les jointures de toutes les parties du corps comme des
ressorts et à se remettre en garde avec la même
vivacité afin d'être en état de parer en cas de riposte ou de redoublement [1].

1. En escrime, redoubler c'est attaquer deux fois de suite, si

17. — Afin de compléter la retraite, on recule avec une grande finesse de six à huit centimètres pour maintenir la distance que l'on a forcément perdue dans l'allongement du corps en exécutant l'attaque.

On empêche ainsi le renversement du corps, que l'on emploie pour échapper à la riposte, au détriment de la fermeté du corps et des jambes, l'un des principaux fondements de l'escrime. Enfin la retraite doit se faire par la force des jarrets et des reins.

L'absence d'épée.

18. — Tous les principes que nous venons d'exposer s'appliquent aux mouvements qui se font sur la sensation d'épée, autrement dit par une impression, si légère qu'elle soit, que fait votre épée sur celle de l'adversaire, vulgairement appelée *sentiment d'épée*.

Il peut se faire que ce contact n'existe pas, il y a alors *absence d'épée*.

Cette absence, c'est l'action d'abandonner momentanément le fer ennemi en s'écartant de la ligne dans le but de déranger les projets de l'adversaire, de l'ébranler ou de l'obliger à attaquer.

L'absence d'épée peut-être considérée comme une feinte ou comme un piége. Si on parvient à

après la première attaque l'adversaire a paré sans riposter. (Voir le n° **35**).

déconcerter l'adversaire, l'absence d'épée sert à prendre les plus beaux coups de temps contre lui. Si on l'oblige à vous attaquer, c'est, en abandonnant l'épée ennemie de la pointe seulement, de rester toujours en ligne sans bouger le corps; en ouvrant ainsi la ligne vous donnez à l'adversaire la pensée du coup droit; votre parade et votre riposte sont d'autant plus brillantes qu'elles ont été prévues.

Cependant l'absence d'épée n'est pas toujours sans danger, car elle exige une grande surveillance des mouvements de l'adversaire et une grande habitude à la parade : aussi il faut en être très-sobre et ne les risquer qu'à une distance raisonnable.

Des gauchers.

19. — Une erreur trop répandue est celle qui fait dire que les gauchers sont naturellement plus adroits et plus difficiles à combattre que les droitiers. Il n'en est rien, et la raison est celle-ci : les gauchers travaillent toujours avec les droitiers et ces derniers rarement avec les gauchers. Il en résulte qu'ils ont toujours l'occasion d'étudier le jeu du droitier, et l'on voit très-rarement deux gauchers travailler ensemble; ce qui prouve ce que nous disons, c'est qu'un gaucher tirant contre un gaucher est encore plus déconcerté qu'un droitier.

Autant que possible, l'élève devrait travailler

de temps en temps, avec un gaucher, ou bien employer contre les gauchers les parades complexes : septime (demi-cercle), croisé de septime, octave et enfin quarte avec croisé de seconde.

Repos.

20. — La nécessité de maintenir une sévère position en fait d'armes cause à l'élève beaucoup de fatigue et des mouvements fébriles qui ne s'arrêtent qu'avec une grande lassitude du bras sans le moindre progrès, car son jeu est alors complétement désuni.

Il est de l'attention du maître de régler sa leçon en trois ou quatre reprises, d'une durée de huit minutes au plus, afin de ménager la vigueur de son élève et de le mettre à même de conserver sa ligne dans le travail des armes.

Le fameux tireur (créole) de Saint-Georges, que l'Arioste nous dépeint dans ces mots : « La nature le fit et brisa le moule », ne portait jamais plusieurs coups de suite sans se reprendre.

Sans cette précaution, on dégénère quant à la position et à la vitesse, c'est ce qu'il est essentiel d'éviter. Si un tireur de la vigueur de Saint-Georges avait recours à ce moyen, un tireur ordinaire ne doit pas le négliger. Le repos se marque en se relevant et en rapportant le talon droit contre la cheville du pied gauche.

OBSERVATIONS.

On ne sait bien une chose que lorsqu'on en connaît tous les détails, et pour atteindre à la perfection des armes, il faut raisonner tous les coups admis, en connaître tous les avantages et les dangers, afin d'être à même de faire, dans l'occasion, le choix de ceux qui sont les plus certains et les moins hasardés.

L'art de l'escrime admet toutes les méthodes que nous ont laissées nos anciens maîtres ; elle n'exige pas de règles absolues, mais elle est l'ennemie de la routine, en d'autres termes, de ce système d'enseignement où l'élève est une machine et le maître un ressort.

DEUXIÈME PARTIE

DÉFINITIONS EXACTES

DES MOTS EMPLOYÉS DANS L'ESCRIME

21. *Coup.* — L'escrime à l'épée ne connaît que le coup droit ou d'estoc ; ainsi, on tire droit dans la ligne où l'on est engagé ou en dégageant, comme on tire droit en prime, en seconde, en septime, en octave, en doublé, en coupé, etc., etc.

C'est-à-dire que le coup peut varier dans la forme, mais son but est toujours le même.

Dans la riposte, le coup droit est l'âme de la parade.

22. *Engagement.* — C'est joindre l'épée de l'adversaire dans les deux lignes hautes dites de quarte (à gauche) et de tierce (à droite), la pointe à hauteur de la figure de l'adversaire. (Voir la Pl. VI.)

Il faut, d'après Grisier, faire travailler les élèves tout autant dans les lignes hautes que dans les lignes basses, en joignant le fer dans l'une de ces deux lignes correspondant aux lignes hautes, le tout représentant le tronc ou le buste.

23. *Attaque.* — L'attaque se fait par un ou plusieurs mouvements, soit de pied ferme, soit après la parade, soit même étant fendu.

L'attaque de pied ferme, c'est tirer de sa place sans avoir fait précéder son attaque d'une marche en avant ou d'une marche en retraite.

Les meilleures attaques sont celles qui sont bien calculées ; il y a aussi les attaques d'inspiration qui, sans cause déterminante, se font pourtant dans toutes les règles prescrites par l'académie d'armes.

24. *Fausse attaque.* — Elle se fait par une démonstration quelconque d'attaque, soit par quelque mouvement d'épée, des jambes ou du corps, qui peut faire croire à l'adversaire qu'on veut l'attaquer. Elle est faite aussi quelquefois dans l'intention d'engager l'adversaire à partir lui-même dans le jour qu'on lui présente à dessein, pour parer et riposter, ou même de s'assurer s'il veut tirer en même temps que vous ; en un mot, profiter de son désordre ou sonder ses projets.

Tout ce que l'on peut exécuter en attaque peut être fait en fausse attaque. Toutefois, si l'on a affaire à un tireur difficile à émouvoir, on fait la fausse attaque plus prononcée.

N'oublions pas de dire qu'une attaque ou une riposte ne sont belles qu'autant qu'elles réunissent les cinq facultés suivantes :

Le sentiment d'épée, le coup-d'œil, le jugement, la vitesse et la précision.

Il ne faut pas croire que tous les coups sont bons, c'est même une erreur un peu trop répandue et que nous pourrons parfaitement dissiper en disant que si un coup est retenu, au lieu d'être allongé dans toute son extension, s'il n'est pas décidé après une parade, si, enfin, pendant l'action, on n'est pas à couvert de tout danger, ce coup tient du hasard.

Nos anciens maîtres ne jugeaient pas autrement, et nous ne sommes nullement de l'avis de ceux qui disent que toucher, peu importe comment, c'est être fort en escrime.

A l'épée, il faut pointer et non sabrer.

25. *Attaque à l'épée.* — Toutes les attaques à l'é-
pée (ou au fer) ont pour but d'inquiéter l'adver-

saire. Ce petit mouvement est d'un effet incontestable, car on y répond malgré soi, aussi est-il employé par les forts tireurs.

Ce mouvement consiste dans les battements, les engagements, les menacés, les coulés, les pressions et les froissés[1].

Il doit n'être fait que de la main par une grande élasticité que l'élève n'acquiert qu'à la longue, car lorsqu'on veut le lui faire trop tôt, il ne le fait que du bras et de l'épaule aux dépens de la main, c'est-à-dire qu'il manque de liant.

26. *Aller à l'épée.* — C'est suivre l'épée adverse dans tous ses mouvements.

Dans un tireur, c'est un défaut d'aller à l'épée, parce qu'en voulant parer ou couvrir un côté, il en découvre un autre.

27. *Tirer avec opposition.* — Nous l'avons déjà dit : c'est se couvrir avec son épée du côté où l'on tire.

28. *Tirer dans le fer.* — (Défaut très-commun aux commençants). C'est tirer dans la ligne où l'adversaire est couvert, au lieu de tirer dans le jour qu'il vous présente ; en tirant dans le fer le coup se trouve paré sans même que l'adversaire en ait

---

1. Nous donnerons leur définition au fur et à mesure de leur application.

eu l'intention, car sa main se trouvant naturellement en défensive, le coup est écarté par un simple tourné du poignet.

29. *Tirer dans le vide.* — C'est tirer lorsqu'on
est hors de portée.

50. *Coups de temps.* — Le coup de temps est
l'action de tirer sur l'adversaire dans l'instant qu'il
s'occupe à préparer son attaque. On entend par
temps la durée de chaque mouvement que l'on
fait sous les armes. Il n'en est point de si court
qu'il ne comporte un temps; d'après cela, prendre
le temps, c'est profiter du défaut d'un mouvement
de l'adversaire pour le toucher, en parant pour
ne pas l'être.

Il faut une très-grande habitude des armes et
une vitesse de main extraordinaire pour réussir à
prendre un temps, et l'habitude qu'on pourrait
contracter de tirer toujours sur des temps, finirait
par gâter la main en faisant négliger les parades
et les ripostes, et serait la cause que l'on ferait
beaucoup de coups fourrés ou coups pour coups.

Il n'est cependant pas impossible de réussir, et
le coup d'œil et le jugement sont les deux guides
qu'il faille suivre. Il ne faut prendre le temps que
sur un coup bien marqué, autrement dit arrêter
l'adversaire dans son attaque réelle, si vous jugez,
par exemple, qu'il vous tire une, deux, ou qu'il
vous double l'épée.

Lorsqu'on fait une feinte et que l'adversaire s'ébranle pour y répondre, il faut saisir le temps pour le toucher, mais il faut observer aussi que l'adversaire peut prendre le temps sur la feinte.

Marquer un temps c'est engager l'ennemi à tirer sur soi, en quittant sa lame de deux ou trois doigts du côté où l'on est engagé.

Le temps se marque de pied ferme ou en marchant, lorsque l'on a reconnu que l'ennemi tire sur tous les mouvements que l'on fait.

On appelle *prendre un temps certain*, lorsque l'adversaire tire à fond. On tire en même temps sur lui un coup qui pare le sien inévitablement en le touchant. Ces temps sont les plus difficiles à exécuter, et par conséquent sont les plus beaux. Les temps, a dit Lhomandie, font la beauté des assauts et mettent en relief un tireur.

31. *Coups d'arrêt.* — Le coup d'arrêt est un coup pris sur une marche ou qui empêche le coup de l'adversaire d'arriver au corps. Si un tireur marche sans se couvrir de son fer, il laisse un jour qui appelle le coup droit au corps; c'est là le coup d'arrêt. Si en marchant, le tireur serre le fer, une pointe légère passe du côté opposé à la pression.

Ainsi le coup d'arrêt est sûr quand il est pris au moment où l'adversaire lève le pied pour commencer son attaque ou pour commencer sa marche.

Pris un instant trop tard, il rentre dans la catégorie des coups de temps de pied ferme; en un mot, le coup de temps exige l'opposition, le coup d'arrêt n'en a pas besoin, puisqu'il arrive avant la détermination du coup.

32. *Contre-passer l'épée (ou le fer).* — C'est faire un dégagement sur le changement d'épée de l'adversaire. (C'est aussi un coup de temps.)

Quelques maîtres d'armes le confondent avec le contre-dégagement. Il suffit de dire que le contre-passer de fer s'exécute sur un changement de ligne, tandis que le contre-dégagement consiste à doubler le dégagement et à porter le coup à l'instant où l'adversaire dégage et cherche à joindre la lame pour s'en assurer. Pour réussir dans le contre-passer de fer, il faut éviter de porter le coup dans la ligne où l'adversaire a la main en défensive. Exemple : si vous faites un contre-passer de fer dans les armes, il faut finir l'attaque en dehors, par un dégagement ou bien par une, deux dedans pour déplacer la main de l'adversaire. Il faut, en effet, remarquer que le changement d'épée ne s'effectue que par le jeu des doigts, imprimant à la pointe un mouvement circulaire, sans le moindre déplacement de la main et du bras, ce qui fait la ligne défensive de l'adversaire. Si donc, en terminant le contre-passer, on porte le coup dans cette ligne, on sera rejeté par un simple mouvement d'opposition, et par la riposte, l'avantage restera à l'adversaire.

33. *Se loger.* — C'est gagner la mesure par tinesse, c'est-à-dire s'approcher de l'adversaire sans qu'il s'en aperçoive en avançant le pied gauche et en masquant ce mouvement par celui d'un menacé droit en glissant son épée le plus près possible de son adversaire ou bien encore en faisant une feinte de dégagement.

34. *Doublés.* — On appelle *doublé* ou *doublement*, répéter deux fois le même dégagement en ayant soin de feinter le premier et, sur la prise du contre de la part de l'adversaire, dégager franchement au deuxième, afin d'entraîner l'adversaire à répéter, dans son trouble, deux fois de suite la même parade.

Les maîtres n'oublieront pas de prévenir l'élève qu'afin de se mettre à l'abri d'une pareille surprise, ils auront pour principe de ne pas prendre deux fois de suite la même parade et, dans ce cas, prendre le simple après le contre, en saisissant la finale de l'attaque.

34 (*bis*). — Toutefois, nous ne saurions trop recommander l'exercice des doubles contres, car ils sont d'une grande utilité pour délier la main, assouplir le corps et en faciliter la retenue ; les contres aident puissamment à bien former les oppositions. Il faut tirer lentement et en détail pour en retirer tout l'avantage possible, autrement le corps part le premier et tombe de même que la main qui est toujours paresseuse et qui doit toujours aller

la première. Avant de tirer, on convient toujours
de celui qui doit partir le premier pour éviter que
les élèves tirant tous deux à la fois, il n'arrive
des accidents. A cet effet, le pareur laisse relever
et remettre en place son tireur.

On sait parfaitement que plus le cercle du contre
est petit et plus il se fait vite ; si l'élève est en
état de tirer à toucher, il passe le premier dégagement lentement et presse le second vite ; de cette
manière il pourra toucher souvent.

35. *Redoublement ou reprise d'attaque.* — Le redoublement est une reprise d'attaque contre l'adversaire qui rompt de parti pris sur votre première
attaque.

Ainsi, lorsqu'après votre première attaque, l'adversaire rompt en arrière, vous faites suivre le
pied gauche de manière à rattraper la distance
perdue par suite de la retraite de l'adversaire et
vous exécutez immédiatement une nouvelle attaque
qui prend le nom de *redoublement* ou *reprise d'attaque.*

Ce mouvement s'effectue souvent avec avantage
contre les fuyards. Il se fait aussi de pied ferme,
afin d'ébranler l'adversaire. Toutefois, il faut
veiller à ne pas tomber dans le piège que peut
tendre l'adversaire, en cherchant à vous prendre,
sur votre marche, par des coups d'arrêt ou par des
coups de temps ; enfin ne le faire que lorsqu'on
est bien convaincu que l'adversaire ne riposte pas,

et encore ce mouvement peut être fatal, si l'adversaire se décide à riposter lorsque vous ne vous y attendez pas.

56. *Remise.* — Si l'adversaire, sur lequel vous vous êtes fendu, ne riposte pas à l'instant, vous retirez vite en arrière la tête et les épaules en les effaçant, sans reprendre la garde, mais seulement en ployant sur le jarret gauche et en ramenant la pointe au corps pour donner du jeu à la main et vous faites une seconde attaque, selon que vous êtes en tierce ou en quarte et selon la position de l'adversaire.

Dans le redoublement comme dans la remise, il faut employer la plus grande vitesse possible, afin de ne pas donner le temps à l'adversaire de riposter.

Il n'y a pas de redoublement ni de remise à faire sur un tireur qui riposte bien; il n'en donne pas le temps, sa riposte part comme une balle. Il faut, d'après Gomard, toujours se relever, c'est le plus beau jeu pour développer un second coup.

57. *Tromper.* — Dans l'escrime, tromper signifie éviter. On trompe toujours en dégageant. On dit tromper une parade, tromper une attaque à l'épée, pour exprimer que le fer se soustrait à ces deux mouvements, en passant sa pointe dans une autre ligne que celle où l'action doit s'exercer.

On trompe l'épée de deux manières : la première, que nous devons considérer comme la plus essentielle, s'exécute en trompant temps par temps, à mesure que l'adversaire fait un mouvement de parade.

Exemple :

Étant engagé en quarte, vous faites un semblant d'attaque (feinte de dégagement) sur les armes; si l'adversaire forme une opposition, vous dégagez vivement, c'est-à-dire, vous trompez l'opposition.

Si l'adversaire prend le contre sur votre feinte, vous dégagez une seconde fois, c'est-à-dire, vous doublez pour tromper le contre (Voir le n° 34).

L'autre s'exécute rapidement et d'un seul jet.

Exemple :

Si, sur un dégagement franc de la part de votre adversaire, vous prenez le contre-dégagement, vous avez fait du même coup la parade et la riposte (Voir le n° 32).

Il faut beaucoup enseigner à tromper l'épée, soit en attaque, soit en riposte, soit même contre les fausses attaques; mais pour réussir, il faut deviner juste ce que pare l'adversaire.

Lorsque l'adversaire est fendu, on ne doit pas chercher à le tromper par des feintes, on tomberait dans une faute grossière; s'il ne se relève pas assez vite, on riposte du tact au tact, plus souvent droit que dessous, et plutôt dessous que par des dégagements ou des coupés.

38. *Cavement et cavation.* — On entend par *cave-*

ment le mouvement de rentrer le milieu du corps et d'avancer la tête. Cette position est fausse et compromettante dans l'escrime.

On entend par *cavation* le mouvement circulaire du poignet et du bras pour rentrer dans la ligne de l'adversaire, bien qu'elle soit fermée.

C'est une position très-irrégulière et qui produit souvent le coup fourré.

Dans les exercices préparatoires, les maîtres auront soin de diminuer la distance ou la mesure qui doit exister entre eux et les élèves, afin de les empêcher de tomber dans le défaut de cavement en portant naturellement le haut du corps en avant, et lorsqu'ils seront bien affermis, l'on fera observer le principe suivant, dès la jonction des épées : croiser l'épée par la pointe sans tenir compte de la distance, afin de ne pas être surpris et la reprendre en avançant la lame jusqu'au commencement du mi-fort de celle de son adversaire, aussitôt que l'on se sent bien en ligne et d'aplomb sur ses jambes.

39. *Plastronner.* — Plastronner, c'est prendre leçons d'armes, parer les coups du professeur, l'attaquer de coups simples et de coups compliqués, tromper toutes les parades, etc., etc.

D'après Laboëssière, un tireur à peu près formé, mais qui n'est pas à même de prendre leçon d'un bon professeur, peut s'exercer devant un mur. Il y fixera un point à la hauteur de la poitrine d'un homme d'une bonne taille, il se mettra bien en garde et formera des contres en se rappelant le principe qui prescrit de les faire serrés et très-petits, il restera sur les temps pour s'assurer qu'ils sont bien achevés.

40. *Tirer et parer à toutes feintes.* — Pour mettre en pratique toutes les leçons que l'on a prises, on tire et on pare à toutes feintes.

Cet exercice est d'une très-grande utilité pour apprendre à tromper les parades par la vivacité des mouvements et pour parer à propos et sûrement tous les coups que l'on peut porter.

Dans cet exercice, celui qui tire met à exécution tous les coups *en les précédant de toutes feintes*, et fait tous ses efforts pour toucher son adversaire. Celui qui pare doit mettre toute son attention à exécuter ses parades avec justesse et une précision telle, qu'il ne soit pas touché. Il est d'usage de ne pas riposter après la parade.

Cet exercice a l'avantage de donner l'habitude des armes, d'assurer le coup d'œil et la précision du poignet, d'apprendre à profiter des battements, des feintes, des coulés et des temps marqués; et pour celui qui pare de le perfectionner dans les parades, employant tantôt les simples, tantôt les contres et demi-cercles.

C'est un exercice qui présente, dès le début, quelques difficultés, mais dont on vient à bout par la grande pratique.

41. *Leçon prise à la muette.* — La leçon prise à la muette est le premier exercice de l'assaut entre le maître et l'élève.

Lorsque l'élève est assez exercé, et qu'il en est venu au point de prendre sa leçon avec aisance et sans que le professeur soit obligé de le reprendre ou de le faire recommencer, ce professeur alors lui apprend à tirer à la muette et au seul toucher du fer.

Dans cette leçon il doit mettre beaucoup d'adresse, c'est-à-dire, avoir une grande retenue de corps et un toucher de fer extrêmement léger.

D'après Laboëssière, les tireurs qui ont la main dure, ne répondent au fer que par des mouvements convulsifs et un adversaire exercé en a facilement raison, car une pointe légère se dérobe et reste au corps.

Les professeurs ne doivent donc jamais perdre de vue ce principe de légèreté ; leurs élèves et eux-mêmes ne sauraient qu'y gagner.

DE L'ÉPÉE DE SALLE

ET DES POSITIONS DE LA MAIN

---

42. — L'épée de salle (ou fleuret) est divisée en deux parties : *la monture et la lame* (Pl. I).

La monture se compose de trois parties : *le pommeau, la poignée* (ou *fusée*) *et la garde.*

La lame est divisée en trois parties :

La pointe.		Le centre.		La partie quadrangulaire
Le faible ou partie	{	La partie d'engagement	{	Le fort
offensive.		ou mi-fort.		ou partie défensive.

C'est donc avec la pointe que l'on attaque; c'est au commencement du mi-fort que l'on croise le fer et c'est avec le fort que l'on pare.

Tenir l'épée.

43. — La première condition pour un homme qui a une arme à la main, c'est de la bien tenir. Ainsi, l'épée sera placée dans la main de la manière suivante :

Le pouce presqu'à plat sur le dos de la poignée, sans qu'il soit engagé dans la garde ; les autres doigts fermés sans raideur, maintenant cette poignée et la dirigeant en raison des mouvements de parade et d'attaque.

44. — Lorsqu'on pare ou qu'on porte un coup, il faut tenir son épée avec fermeté ; il faut, au contraire, la tenir sans effort, lorsqu'on fait des engagements, des dégagements, des feintes, des coulés, des parades circulaires, autrement l'habitude de la tenir avec raideur en la serrant, vous ôterait la faculté de sentir à la main les diverses attaques de votre adversaire, tandis que si vous avez la main légère, vous suivrez naturellement les actions de votre adversaire, au moindre tact de son épée sur la vôtre dans les engagements, les dégagements, etc.

Enfin, la tenue d'épée doit exister de la pointe du fleuret à la poignée, sans raideur et de la manière la plus égale afin de prévenir l'engourdissement des muscles[1].

L'arme étant bien connue et bien exposée dans toutes ses parties, nous allons parler de la manière de la tenir dans les différentes positions de la main.

---

1. La lame n° 4 est celle qui convient le mieux pour la leçon et pour l'assaut. Les meilleures lames sont : les lames coulaux, fabrique de Kliengental et celles de Saint-Étienne. Il faut ne pas se servir de lames trop minces ou faibles de la pointe, parce qu'elles ont le défaut de fouetter.

Les trois positions de la main.

45. — Les trois positions de la main sont : *la quarte, la tierce* et *la moyenne* (Pl. II).

La main de quarte, c'est la position de la main, les ongles en dessus ou le dos de la main en dessous.

La main de tierce, c'est la position de la main, les ongles en dessous ou le dos de la main en-dessus.

La main moyenne, que nous appellerons aussi main naturelle, c'est la position de la main, les ongles sur le côté ainsi que le dos de la main.

La main moyenne est celle qui doit toujours être prise, dès le croisement du fer ou la mise en garde ; elle est demi-quarte et demi-tierce.

46. — Toutes les parades, comme nous le verrons bientôt, se forment soit en main de quarte, soit en main de tierce, en partant ou en passant par la main moyenne, c'est-à-dire que dans toutes les rencontres d'épée, la main se trouve placée ou les ongles en dessus ou les ongles en dessous.

POSITIONS PRINCIPALES

47. — Tout le mécanisme de l'escrime repose sur deux positions principales : *la garde* et *le développement;* les autres positions sont transitoires.

La garde.

C'est prendre l'attitude qui est reconnue la plus certaine pour attaquer et pour se défendre, en se couvrant dans la ligne que l'adversaire a prise.

1er *mouvement.* — Se placer sur la planche, les talons joints, les pieds en équerre, les jarrets tendus, le corps droit, les épaules effacées, la tête droite et tournée aux deux tiers dans la direction de l'adversaire, le bras gauche allongé le long de la cuisse gauche, le bras droit allongé, la main droite tenant l'épée les ongles en dessus (Pl. III, 1re position).

2e mouvement. — Placer le bras droit un peu ployé, la main à hauteur du sein, le coude un peu détaché du corps sans s'en écarter, le pouce en dessus, la pointe à hauteur de la tête, le bras gauche moelleusement arrondi en arrière, la main gauche à hauteur du sommet de la tête et reposant sur les muscles du poignet (Pl. IV, 2e position); plier sur les jarrets (Pl. V, 3e position) en portant le pied droit à deux semelles environ du pied gauche, les pieds restant en équerre et les talons sur la même ligne, les genoux bien ouverts, le corps reposant également sur les deux hanches, la tête droite et bien placée dans la direction de l'adversaire, le genou droit perpendiculaire à la cheville du pied, et le genou gauche perpendiculaire à la pointe du pied gauche, le corps presque de profil (Pl. VI, 4e position).

OBSERVATIONS.

La position régulière des pieds en contribuant à la formation de l'angle droit, et le placement des talons l'un contre l'autre, établissent l'équilibre du corps et empêchent l'une ou l'autre épaule d'avancer ou de reculer.

En effet, si la pointe du pied était trop rentrée ou trop sortie, l'épaule subirait naturellement le mouvement, et un simple coup de bouton romprait alors tout l'équilibre du corps en faisant tourner l'épaule affaiblie.

Il faut, dans les commencements surtout, éviter la raideur dans les jambes; elle engendre la fatigue et plus tard le découragement.

La hauteur du poignet doit varier selon la taille des combattants, car si l'un est grand et l'autre petit, il faut nécessairement que le premier baisse son poignet et que le second élève le sien plus qu'à la garde ordinaire, pour pouvoir tous deux diriger leurs coups avantageusement.

C'est au professeur à distinguer celle qui doit convenir à la conformation et à la taille de son élève quand il le commence; c'est encore à lui à étudier la nature, à la plier sans contrainte, rendre les mouvements aisés dans les jointures, dégager les épaules, les faire effacer, placer la tête, rendre les bras souples, et bien asseoir le corps sur les deux hanches, pour que chaque partie agisse avec autant de liberté que d'harmonie. Pour cela, nous engageons les élèves à faire choix d'un bon professeur.

Le plus grand nombre des jeunes soldats, par l'habitude de travailler la terre, et les élèves des lycées par leur travail à leur table d'étude, se tiennent mal; le professeur, après avoir fait prendre à l'élève la première position, aura l'attention de corriger ce défaut en leur renversant doucement la tête, la faisant tourner à droite et à gauche par un mouvement toujours forcé, afin d'assouplir les muscles du cou, et ces jeunes gens finiront par tenir la tête avec grâce et d'un air dégagé.

Pour obtenir l'élasticité des bras, le professeur fera rentrer les épaules; il prendra les mains de l'élève et fera, tout en tenant compte de la conformation de l'élève, tourner les bras de manière à ce que le dessus des mains se touche par derrière le dos; il le prendra par les hanches, étant en garde, et le fera plier des deux jarrets; il continuera à donner du liant en faisant ployer et remettre les bras en place, en empêchant toujours l'épaule droite de lever dans ces mouvements.

Le développement.

48. — Le développement (*déploiement ou extension*) c'est l'action de se fendre.

1ᵉʳ *mouvement*. — Déployer vivement le bras droit, la main à hauteur du bas de la tête, la pointe un peu plus basse que la main, fléchir légèrement les jarrets pour abaisser le corps, et diminuer d'autant la surface exposée, sans que le tronc fasse le moindre mouvement (Pl. VII, 5ᵉ position).

2ᵉ *mouvement*. — Le pied gauche presse la planche, le jarret gauche se tend vivement en poussant le pied droit en avant et en lui faisant raser le sol ; en même temps que le pied droit, le bras gauche tombe le long et près de la cuisse gauche, la main ouverte et un peu détachée de la cuisse, le pouce en dessus ; le corps doit suivre le mouvement de la jambe droite et obéir à l'impulsion, sans se pencher en avant, autant qu'il est possible. A la fin du développement, le bras restant déployé, la main droite doit rester à hauteur du bas de la tête (Pl. VIII, 6ᵉ position).

Se relever.

49. — Se relever, c'est se mettre en garde après le coup porté, en tenant l'épée droite devant soi, afin de connaître où se dirige la riposte, si toutefois elle n'a pas été donnée aussitôt que la parade.

Un mouvement. — Plier le jarret gauche de façon à rapporter, en écrasant un peu les jarrets, le pied droit à distance de garde, le bras gauche reprenant sa position première, c'est-à-dire s'arrondissant derrière la tête, en même temps que le bras droit se replace en retirant le coude vers le corps, la main à hauteur du sein et la pointe à hauteur de la tête.

Marcher et rompre.

50. — *Marcher*, c'est s'avancer vers l'adversaire. Il faut le faire à petits pas.

51. — *Rompre*, c'est s'éloigner de l'adversaire. On le fait naturellement à grands pas (Voir pour ces deux mouvements les n°ˢ **11**, **12** et **13**).

Rassembler en avant et rassembler en arrière.

52. — On *rassemble en avant*, en développant le bras droit devant soi, les ongles en dessus, la pointe à hauteur de la tête, en laissant tomber le bras gauche le long de la cuisse gauche, en rapportant le talon gauche contre le talon droit, les pieds en équerre, le jarret tendu et laisser retomber le bras droit dans la position du 1ᵉʳ mouvement de la garde.

55. — On *rassemble en arrière* par les mêmes mouvements que pour rassembler *en avant*, avec cette seule différence que le talon droit vient se placer contre le talon gauche.

De l'appel.

54. — Faire un appel, c'est frapper vivement la planche du pied de devant; il a surtout pour but d'ébranler son adversaire, afin de profiter de son désordre et tirer parti d'un moment favorable pour l'attaquer.

On le fait encore pour s'assurer si l'on est bien affermi dans la garde.

L'appel doit se faire de pied ferme. Cependant, d'après Gomard, l'appel peut se faire en marchant, mais après l'engagement; il accompagne ordinairement le menacé ou toute autre démonstration d'attaque à laquelle on veut donner plus de vérité.

55. — Les professeurs les feront exécuter souvent dans les leçons, pour s'assurer que le corps de l'élève est bien assis sur la partie gauche, et le forcer à s'y replacer s'il n'y était plus. Dans ce cas, le professeur atteindra son but en demandant un double appel, qui s'exécutera en frappant la planche de toute la semelle, sans trop l'élever.

Nous citerons, pour l'ensemble des mouvements, les vers ci-après du précieux *Traité d'escrime* par Lhomandie :

« Un angle droit, d'abord, est formé par vos pieds,
Et quand de vos jarrets les ressorts sont pliés,
Séparez vos talons par un faible intervalle,
Et que l'air soit frappé du bruit de la sandale.
Cependant, avec art, les deux bras arrondis,
Moelleusement à l'œil déployeront leurs plis.
Le gauche, en s'effaçant, donne au corps de la grâce,
Le droit offre au rival un fer qui le menace. »

LEÇONS D'ESCRIME

EXERCICES PRÉLIMINAIRES

---

56. — La partie élémentaire de l'escrime ne plaît pas généralement aux commençants ; aussi, à peine en salle et une épée à la main, ils veulent tirer sans savoir plastronner ; ils veulent attaquer sans savoir se défendre.

Un maître consciencieux et entendu ne doit jamais encourager de pareils excès d'impatience et d'audace ; il doit, au contraire, ramener constamment ses élèves aux premiers principes, car c'est de là que doivent dépendre, dans la suite, les progrès qu'ils peuvent faire dans les armes.

57. — La façon de présenter l'exécution des mouvements à l'élève est fort simple, et nous allons indiquer une marche qui pourrait servir de modèle.

PREMIÈRE LEÇON.

Le maître sera sans arme ; après avoir placé

l'épée dans la main de l'élève, comme nous l'avons
expliqué, il fera exécuter les mouvements ci-après
sans négliger de les expliquer et de les démontrer.

En garde,
Fendez-vous,
Relevez-vous,
Faites un appel,
Marchez,
Rompez,
Marchez et un appel,
Rompez et deux appels,
Fendez-vous,
En garde,
Rassemblez en avant,
En garde,
Rassemblez en arrière.
(Un repos et reprendre quelques minutes après).

OBSERVATIONS.

Voir pour l'application de chaque mouvement tout ce
que nous avons dit dans les trois parties de ce travail, et
voir les planches qui s'y rapportent.

Le maître fera répéter ces mouvements jusqu'à ce que
l'élève les fasse avec goût et intelligence.

. Généralement, quatre à cinq séances suffisent, mais en
tenant compte que la nature n'a pas doué tous les hommes
des mêmes qualités : chez les uns, trop de vivacité, qu'il
faut contenir ; chez les autres, une mollesse qu'il faut ra-
nimer ; mettre à profit ce qu'on a reconnu de bon dans un

élève, modifier ce qui laisse à désirer, et corriger ce que l'on voit de défectueux.

Afin de donner à l'élève, après qu'il s'est fendu, la facilité de se remettre en garde avec autant de fermeté que de légèreté, le professeur lui soutiendra le poignet avec la main gauche, en surveillant le jeu des articulations des jambes et des bras, le buste devant rester droit.

58. — Après cet exercice préliminaire et lorsque l'élève aura acquis une garde correcte, un développement avec une parfaite tenue du corps, qu'il saura marcher et rompre d'après les principes que nous avons indiqués (n° **11** et **12**), le professeur lui expliquera :

Les lignes.

59. — On reconnaît, en escrime, deux lignes principales : *la ligne du dedans* et *la ligne du dehors* (n° **22**).

La *ligne du dedans*, ou ligne de quarte, occupe toute la partie gauche de l'épée, c'est-à-dire que l'on se trouve en quarte, lorsqu'on a le fer de l'adversaire à la gauche du sien, peu importe la position de la main.

La *ligne du dehors*, ou ligne de tierce, occupe toute la partie droite de l'épée, c'est-à-dire que l'on se trouve en tierce toutes les fois que l'on a le fer de l'adversaire à sa droite, de quelque manière que la main soit tournée.

Pour mieux préciser ces deux lignes, on dit :

Dans les armes, — pour dire en quarte ou dedans.

Sur les armes, — pour dire en tierce ou dehors.

60. — Chacune de ces deux lignes est coupée par deux autres lignes qui occupent le dessus et le dessous de l'épée, et qu'on nomme le *dessus* et le *dessous*, ou le *haut* et le *bas* du corps (Pl. VI).

Il résulte donc qu'il y a quatre parties bien distinctes : le haut du dedans et du dehors et le bas du dedans et du dehors.

Ou bien encore : le haut et le bas du dehors et le haut et le bas du dedans.

61. — Dans chacune de ces parties, on peut porter deux coups différents, savoir :

HAUT DU DEHORS.	HAUT DU DEDANS.
Sixte et tierce.	Quarte et Quinte.
BAS DU DEHORS.	BAS DU DEDANS.
Seconde et Octave.	Prime et Septime.

Il y a autant de coups que de parades, et si variés que soient les coups, ils ne sont autres que le coup droit et le dégagement combinés selon les parades de l'adversaire.

Ils ne dépassent jamais l'octave. Nous avons donc :

Prime, seconde, tierce, quarte.
Quinte, sixte, septime, octave.

Quatre se tirent dans la ligne du dedans, ce sont : la prime, la quarte, la quinte et la septime (ou demi-cercle).

Quatre se tirent dans la ligne du dehors, ce sont : la seconde, la tierce, la sixte et l'octave.

Quatre se tirent dans les lignes du haut, ce sont : la tierce, la quarte, la quinte et la sixte.

Quatre se tirent dans les lignes du bas, ce sont : la prime, la seconde, la septime et l'octave.

Quatre se font avec la main de quarte, ce sont : la quarte, la sixte, la septime et l'octave.

Quatre se font avec la main de tierce, ce sont : la prime, la seconde, la tierce et la quinte.

62. — Le lecteur a dû remarquer que la quarte et la sixte sont identiquement les mêmes, seulement la quarte se prend dans les armes et la sixte se prend sur les armes.

Nous en dirons autant de la tierce et de la quinte : la tierce se prend sur les armes et la quinte se prend dans les armes; de même pour la septime et l'octave : la septime se prend dans le bas du dedans et l'octave dans le bas du dehors, enfin la prime se prend dans le bas du dedans et la seconde dans le bas du dehors.

Ligne d'opposition.

63. — On entend par ligne d'opposition, se couvrir en tenant la pointe adverse hors de la ligne du corps, soit à droite, soit à gauche, soit dessus, soit dessous.

En un mot, se garantir du coup droit, soit que l'on engage l'épée, que l'on pare ou que l'on riposte (Voir le n° **22**).

Afin que ce mouvement se fasse selon les règles, le maître fera comprendre à l'élève qu'en formant sa ligne d'opposition, il doit faire agir le poignet sans que la main cave, à seule fin que la pointe soit dans la direction du bras et toujours, par conséquent, à hauteur du buste de l'adversaire (Voir le n° **9**).

Il faut donc : 1° écarter suffisamment la lame adverse de votre corps, sans vous laisser entraîner hors des limites ; 2° se trouver après l'opposition dans la direction de la pointe au corps pour déterminer vivement la riposte.

OBSERVATIONS.

Il est prouvé depuis longtemps que la position de la main, lorsqu'elle forme l'opposition, doit être légèrement tierce ou quarte, et jamais avoir, dans le haut du corps, la position complète de tierce et de quarte, afin d'être prêt, sans effort ni perte de temps, à riposter; car tourner la main est un mouvement fort utile, qui doit avoir trois avantages : 1º déplacer l'épée de l'adversaire; 2º voir mieux le coup que l'on porte; 3º augmenter la rapidité du mouvement.

De l'engagement.

64. — C'est passer votre épée d'une ligne à l'autre en joignant celle de l'adversaire, soit de pied ferme, soit en marchant (Voir le nº **22**).

L'engagement, ou attaque au fer, veut autant de légèreté que de justesse; il peut en résulter un avantage ou un désavantage, selon la façon avec laquelle il est exécuté.

L'engagement est nécessaire pour agir dans les quatre divisions : dedans et dehors haut; dedans et dehors bas.

Il y a aussi le double engagement, qui consiste à former *de suite* l'engagement dans les deux lignes hautes.

Le double engagement se fait quelquefois de pied ferme, mais surtout dans la marche, car il rend l'attaque de l'ennemi difficile.

De l'attaque.

65. *Coup droit. Dégagement.* — Ces deux coups sont les seuls qu'on puisse appeler simples, parce

qu'il n'est pas au pouvoir d'un tireur d'empêcher
son adversaire de les faire, soit qu'il touche ou ne
touche pas (Lhomandie).

L'une-deux. — L'une-deux-trois.
Tromper le contre ou doubler.
Coupé. — L'une-deux ou coupé-dégagé.
L'une-deux-trois ou l'une-deux-coupé.

Coup droit.

66. — C'est le premier coup que l'on doit enseigner à l'élève ; son importance est grande, car
dans un assaut, c'est le coup le plus simple, le
plus beau et en même temps le plus difficile ;
aussi faut-il l'enseigner le plus méthodiquement
possible.

D'après le même auteur, on doit le faire en pre-
nant l'opposition et la hauteur convenable, de
manière à porter le fort de son épée dans le faible
de l'épée de l'adversaire, et ne jamais prendre
l'épée ennemie pour le point d'appui, mais pour
le conducteur de la sienne, c'est-à-dire l'effleurer
en tirant, ou comme disaient nos antiques, en ca-
ressant la lame.

Dégagement.

67. *Dégager*, c'est décrire avec la pointe de son

épée un très-petit cercle [1] par-dessous la lame adverse, pour la faire passer à l'aide d'un doigté, c'est-à-dire par un mouvement subtil du pouce et des doigts, du côté opposé où elle était engagée.

C'est, après le coup droit, le mouvement le plus fin et le plus nécessaire, car il y a peu de coups où l'on ne doive dégager et quelquefois à plusieurs reprises.

68. — Il y a deux sortes de dégagements, savoir : le dégagement franc et le dégagement forcé.

Le dégagement franc se fait d'emblée, main moyenne, sauf à prendre la main de quarte ou de tierce pour former l'opposition aussitôt que l'on a changé de ligne.

Le dégagement forcé est celui par lequel votre adversaire écarte votre pointe de la ligne du corps. Il faut comprendre ce que veut l'adversaire dans ce cas, et le tromper.

Le dégagement peut également se faire après une parade pour tromper l'adversaire, au moment où il se relève.

Il se fait, comme l'engagement, de pied ferme en marchant et en rompant, mais très-serré.

Il sert aussi à tromper l'adversaire, sur un battement ou un liement d'épée.

---

1. C'est plutôt une ellipse, comme on le verra plus tard.

L'une-deux.

69. — C'est une attaque composée de deux dégagements : le premier est une feinte exécutée à bras tendu, la pointe menaçante, un peu au-dessus du talon de la lame adverse, la main légèrement tournée, les ongles en dessus.

Le deuxième dégagement qui détermine l'attaque, sur le simple mouvement du poignet de l'adversaire pour venir à l'opposition, s'exécute, le bras restant tendu, par une pression des doigts et l'élévation du poignet.

L'une-deux-trois.

70. — C'est une attaque composée de trois dégagements dont les deux premiers sont des feintes.

Ce mouvement d'attaque s'exécute en mettant un léger temps d'arrêt à la première feinte et en précipitant les deux autres, la dernière déterminant le coup de bouton, c'est-à-dire la finale.

Tromper le contre ou doubler.

71. — Nous avons donné la définition de ce mouvement dans tous ses détails ; c'est donc une attaque composée de deux dégagements dans la même ligne (Voir les n°° **34** et **37** pour l'exécution classique. Le deuxième dégagement s'appelle aussi *tour d'épée*.)

Il reste à dire que si, après avoir doublé (c'est-à-dire répété le dégagement), on dégage encore, on aura : doublé-dégagé.

OBSERVATIONS.

Pour bien faire les feintes, il faut avoir soin de bien doigter son fleuret; faire ses mouvements avec nerf et légèreté, en se servant particulièrement du pouce et de l'index pour donner de l'action à la pointe.

Afin de savoir tromper à propos, le professeur expliquera à l'élève que l'on reconnaît que c'est l'opposition qu'il faut tromper lorsqu'il aperçoit le tourné du poignet de l'adversaire, tandis que le contre s'annonce par le mouvement circulaire de la pointe, imprimé par le jeu des doigts.

Coupé.

72. — Le coupé est un dégagement par la pointe. Il s'exécute en retirant son épée vers la tête, et en glissant le long de la lame adverse; la replacer vivement dans l'autre ligne en développant le bras et se fendre en tenant l'opposition.

Il a, comme le dégagement ordinaire, ses une-deux et une-deux-trois.

L'une-deux appliqué au coupé.

73. — Lorsque, après avoir coupé, par exemple,

de dedans dessus, vous dégagez dans les armes,
vous avez fait une-deux, que l'on désigne généralement par le mot : coupé-dégagé.

L'une-deux-trois appliqué au coupé.

74. — Comme le dégagement ordinaire, il s'exécute par une-deux dedans ou une-deux dessus et
comme finale, c'est-à-dire, trois, par le coupé.

Le coupé est dangereux comme coup d'attaque,
car l'adversaire a toutes les facilités pour le parer,
soit par le coup droit, soit par la prime, soit enfin
par la septime.

Il est très-prudent de ne s'en servir qu'en riposte, c'est-à-dire lorsque votre adversaire se relève sur le coup que vous avez paré, afin d'éviter
le danger du coup pour coup qui aurait lieu quelquefois si vous faisiez un coupé d'attaque.

Il faut donc pour toutes ces raisons faire le
coupé sur pointe après la parade.

Exemple :

Je vous tire quarte, parez quarte, et, sur ma
retraite, coupez et ripostez sixte ou tierce.

Je vous tire tierce, parez tierce, et sur ma retraite, coupez et ripostez quarte.

Je vous tire quarte, parez quarte et, sur ma retraite, coupez sixte et ripostez en dégageant sous
la main (Dérober).

DEUXIÈME LEÇON.

75. — Le maître, par le placement de son épée, se prêtera à tous les mouvements qu'il devra faire exécuter à l'élève, en se conformant rigoureusement à l'explication que nous avons donnée.

En garde,
Couvrez-vous en quarte,
Couvrez-vous en tierce,
Engagez l'épée de quarte,
Engagez l'épée de tierce,
Tirez le coup droit dans les armes,
Tirez le coup droit sur les armes,
Dégagez dans les armes,
Dégagez sur les armes,
Une-deux dans les armes,
Une-deux sur les armes,
Une-deux-trois dedans,
Une-deux-trois dessus,
Trompez le contre (ou doublez) dans les armes,
Trompez le contre (ou doublez) sur les armes,
Trompez le contre (ou doublez) et dégagez dedans,
Trompez le contre (ou doublez) et dégagez dessus,
Coupez dans les armes,
Coupez sur les armes,
Coupez et dégagez dedans,

Coupez et dégagez dessus,
Une-deux coupez dedans,
Une-deux coupez dessus,

Marcher et rompre à l'épée en faisant quelques engagements et quelques doubles engagements. Les doubles engagements rendent l'attaque difficile pendant la marche.

OBSERVATIONS.

Nous conseillons aux maîtres de faire prendre aux élèves plus souvent l'engagement de l'épée de tierce que celui de quarte.

Nous leur recommandons particulièrement de ne jamais passer à un mouvement, si le précédent n'a pas été bien exécuté, et de bien tenir compte dans les détails d'exécution : 1º de la tenue du corps dans le développement; 2º du jeu du doigté pour l'action de la pointe; 3º, enfin, de l'harmonie complète de l'arme avec tous les ressorts du corps et où l'écrasement des jarrets est un puissant auxiliaire (Voir le nº **48**).

76. — Pour faire suite à la deuxième leçon, aussitôt que l'élève aura exécuté avec intelligence et facilité les coups d'attaque que nous avons expliqués, le professeur lui enseignera :

1º Le dégagement en dérobant la pointe (ou sous la main) ;
2º Le contre-dégagement;
3º Le contre-passer de fer.

Dégagement en dérobant la pointe.

77. — Ce dégagement se fait d'après les règles ordinaires, avec cette différence qu'à la finale, votre pointe passe sous la main de l'adversaire, au lieu de passer au-dessus du talon de sa lame et tire dans le bas du dehors ou le flanc; quelquefois il arrive dans le haut du dedans, ce qui lui donne la forme d'un dégagement ordinaire.

Il s'exécute dans les deux lignes.

Exemple :

Engagez l'épée de tierce; je force un peu sur votre lame, dégagez avec élévation de poignet et tirez dans le bas du dehors.

Engagez l'épée de quarte; je force un peu sur votre lame, marquez une-deux, c'est-à-dire, semblant ou feinte d'attaque dessus, et deux en dérobant, avec élévation de poignet, la pointe dirigée dans le bas du dehors.

Contre-dégagement.

78. — C'est l'action de dégager en même temps que l'adversaire et avant que les épées se joignent dans la ligne où elles étaient engagées avant de commencer le mouvement. Il faut appuyer un peu sur l'épée de l'adversaire pour l'obliger à dégager et prendre l'instant qu'il dégage pour doubler soi-même le dégagement et lui porter le coup au corps, avec opposition et élévation du poignet, avant qu'il ait pu joindre la lame pour s'en assurer.

Exemple :

Engagez l'épée de quarte et forcez un peu sur ma lame; je dégage tierce, contre-dégagez finement sur le dégagement, sans me donner le temps de rejoindre votre lame et tirez quarte. Il en est de même en tierce.

Si, après le contre-dégagement en tierce, vous vous apercevez que l'adversaire a le poignet haut, vous ripostez en seconde.

Contre-passer de fer.

79. — C'est faire un dégagement sur un changement d'épée de l'adversaire (Voir pour l'exécution du mouvement, le n° **32**).

Exemple :

Je change l'épée; contre-changez et dégagez, ou bien marquez une-deux en tirant au corps.

80. — Nous avons suffisamment expliqué les coups primitifs, c'est-à-dire, ceux que l'on fait exécuter par l'élève, sans avoir préalablement formé de parade.

Nous avons dit également (n° **61**), qu'il y avait huit coups pour chacun desquels il y avait une parade, ce qui fait huit parades, et qu'enfin les huit coups et les huit parades ne vont jamais au delà de l'octave ; il en a été ainsi depuis des siècles, sans avoir jamais trouvé le moyen d'y ajouter, encore moins d'en ôter quelque chose, et nous ne craignons pas de dire qu'après Saint-Georges et son maître, il est impossible d'innover en ce genre avec le moindre succès.

Il faut tout dire : l'escrime moderne néglige trop les détails de l'escrime classique, c'est ce qui fait qu'aujourd'hui bien des gens se disent maîtres d'armes sans en avoir aucune qualité, et cela au détriment de l'art des armes et des professeurs d'un réel mérite.

Généralement, on n'étudie pas assez le coup droit, autrement dit, le mouvement qui termine tous les coups portés, et pourtant rien de plus beau que le jeu d'un tireur qui est parvenu à les développer de sa place.

Si on lui fait un dégagement sans être bien assuré de son faible, il est toujours prêt à enlever la main et à partir ; un faux temps de la main, un ébranlement du corps lui suffit pour tirer le long de la lame.

Enfin, par le coup droit on tire sur un adversaire qui est peu ou point couvert et sur toutes les prises d'épées : coulés, menacés, battements, pressions et absences d'épée.

Différentes manières d'attaquer le fer.

81. — On attaque l'épée par :

Le Coulé,
Le Menacé,
La Pression,
Le Battement,
Le Froissé,
L'Appel.

Le coulé.

82. — C'est, lorsqu'on se trouve en mesure sur son adversaire, glisser tout doucement le long de l'épée ennemie jusqu'au moment où il reste encore assez de détente dans la saignée pour terminer le mouvement avec la plus grande promptitude.

Si on reconnaît que l'adversaire n'est pas entièrement couvert, on achève droit; si l'on sent qu'il veut se garantir par une opposition, on dégage.

D'après Gomard, le coulé, dont le but est de solliciter l'adversaire à la parade, a aussi l'inconvénient de l'attaque réelle sans en avoir les avantages, puisque, comme elle, il expose à la riposte sans donner la chance d'arriver au corps.

Nous observerons ici que le motif que donne ce savant démonstrateur, quoique avec raison, n'est pas assez suffisant pour que le coulé soit entièrement exclu de la démonstration, puisque de nos jours, plusieurs bons professeurs l'enseignent dans leurs leçons, notamment dans l'école de Jean Louis, l'un des premiers professeurs de France. Ainsi donc, le coulé doit être enseigné, car c'est une des attaques les plus certaines, en ce qu'elle détermine forcément l'adversaire d'aller à la parade; c'est le coulé qui amène à bien serrer un dégagement et nous prépare au sentiment d'épée; toutefois il faut l'exécuter avec beaucoup de précaution (Voir le n° **25**).

Le professeur l'exécutera lui-même afin de le faire mieux comprendre et aura soin de le faire répéter lentement, ainsi que tout ce qu'on démontre aux élèves.

Exemple :

Vous serrez et coulez de quarte; si, sur votre mouvement, je dégage et tire tierce, parez tierce et ripostez tierce.

Il en sera de même sur un coulement d'épée en tierce.

Si, sur votre coulement d'épée dedans ou dessus, je ne suis pas couvert, tirez droit.

Le menacé.

85. — C'est feindre de tirer droit en montrant bien l'épée, la pointe libre et un peu au-dessus du talon de l'épée adverse, une grande retenue du corps, en évitant principalement de l'avoir en avant.

On peut menacer de tous les coups possibles ; mais ici, parlant des attaques à l'épée, nous ne nous occuperons que du menacé direct.

En faisant donc le menacé de la main, le tireur s'assied sur la partie gauche et efface les hanches par l'écrasement des jarrets afin d'éviter que sa pointe ne dépasse la garde adverse ; car si le corps et la main venaient un peu en avant, le fer serait livré à une parade d'opposition et le coup tiré au corps ; il faut, en conséquence, être prêt, par le tourné de la main et la détente des jarrets à tromper le fer et à parer suivant le produit du menacé.

Le menacé et le coulé ne sont autre chose que des feintes de coup droit, avec cette seule différence que le menacé se fait dans le vide et le coulé se fait le long de la lame de l'adversaire.

La pression.

84. — La pression, comme l'indique le mot, consiste à presser avec nerf le fer de l'adversaire pour se procurer un jour afin de tirer droit.

Si l'adversaire résiste à la pression, surtout à celle qui est en quarte, il n'y a pas le moindre inconvénient à faire un dégagement, toujours prêt à tromper la parade que prendrait l'adversaire dans ce mouvement. Le but est d'exciter l'adversaire à se rendre assaillant.

De toutes les attaques à l'épée, la pression est

la plus douce; il faut, en la faisant du mi-fort sur le faible de l'épée adverse, avoir le soin de bien conserver la pointe vis-à-vis la figure de l'adversaire.

Le battement.

85. — Comme la pression, le battement est une attaque au fer (ou à l'épée), qui consiste en un petit coup ferme et sec sur l'épée de l'adversaire, au moyen du mouvement de rotation du poignet (Voir le n° **10**), afin de produire un jour pour faciliter un coup d'attaque, soit en tirant droit, soit en dégageant.

Les battements s'emploient généralement contre les gardes tendues et contre les jeux durs. On s'en sert aussi contre les tireurs qui veulent remettre l'épée au corps après la parade; sans s'obliger à parer la riposte, on leur fait le battement aussitôt après la parade.

Le battement demande une grande précaution, une grande vitesse et beaucoup de jugement.

Il doit avoir pour moteur les doigts et l'avant-bras, mais le corps doit garder sa position d'immobilité.

Il ne faut jamais s'éloigner des lignes de direction, dans cette attaque, conserver sa saignée souple, la pointe au corps, et éviter un jeu dur.

Le faux battement, c'est frapper légèrement sur l'épée de l'adversaire avec le faible de la sienne, afin de l'inquiéter; ce petit mouvement est d'un effet incontestable (Voir le n° **25**).

Le froissé.

86. — Le froissé, ou froissement, c'est glisser d'une main ferme sur le fer de l'adversaire, depuis le faible jusqu'au fort, pour entrer avec autorité dans une ligne fermée. Le froissé s'emploie surtout contre les gardes tendues.

Il diffère du battement en ce qu'il ne quitte pas le fer et ne forme qu'un temps.

L'appel.

87. — C'est le mouvement qui consiste à frapper vivement la terre (Voir le n° **54**), afin d'ébranler son adversaire et de profiter de son désordre pour l'attaquer.

Il s'emploie avantageusement dans l'action d'un coup compliqué. Par exemple, je veux doubler et couper, ou bien faire une-deux et couper, je crains le coup de temps à la fin du doublé ou de la deuxième feinte de dégagement; c'est alors que je place mon appel pour déconcerter mon adversaire et faciliter mon coupé.

On ne saurait observer trop attentivement l'ad versaire lorsqu'on emploie l'appel, parce qu'il pourrait tirer au corps pendant l'action de ce mouvement.

L'appel accompagne ordinairement le menacé, le coulé, la pression, ou toute autre démonstration d'attaque à laquelle on veut donner plus de vérité.

Autrefois le mot *appel* n'indiquait pas seulement l'action de frapper la terre du pied droit ; on entendait faire un appel à son adversaire quand, par un engagement forcé accompagné de l'appel du pied, on cherchait, soit à le déconcerter pour l'attaquer pendant son trouble, soit à le faire attaquer.

88. — Lorsque l'élève aura exécuté lentement et avec intelligence les divers exercices d'attaque à l'épée, le professeur en fera l'objet d'une leçon, en les réunissant.

TROISIÈME LEÇON.

Coulez et tirez droit — et dégagez — et une-deux — et doublez	dans les 2 lignes ou dedans et dessus.
Menacez et tirez droit — et dégagez — et une-deux — et doublez	dans les 2 lignes.
Pressez l'épée et tirez droit — et dégagez — et une-deux — et doublez	dedans et dessus.

Battement et tirez droit }
—   et dégagez }
—   et une-deux } dedans et dessus.
—   et doublez }

On pourra faire exécuter le battement d'épée sur un changement d'engagement, comme on l'a fait dans la ligne même d'engagement.

On se conformera pour l'appel à l'article spécial de ce mouvement (n° **87**) pour son application.

Il en sera de même pour le froissé (n° **86**).

Terminer la leçon en faisant rompre et marcher à l'épée, en changeant l'engagement, et en faisant tirer droit et dégager.

Le professeur fera répéter les mêmes attaques dans le bas du corps, mais après avoir expliqué et démontré les parades ; il en facilitera l'intelligence. Nous ne voulons pas avoir le tort d'être absolu dans nos leçons et nous laissons le professeur libre à cet égard ; seulement nous lui dirons de bien se pénétrer que la simplification c'est le progrès, seul but à atteindre.

ÉTUDE DES PARADES

89. — La parade, c'est la partie principale des armes (Voir le n° **15**).

Pour être bon tireur, il ne suffit pas de se présenter de bonne grâce, de tirer avec justesse et vivacité ; le grand point est de savoir se défendre et parer les coups de l'adversaire, car, lorsqu'on est maître de sa parade, on le lasse bientôt et on trouve jour pour avoir raison de lui en le touchant.

Il faut donc s'appliquer à bien former ses parades, en tenant ferme son épée depuis la garde jusqu'à la pointe ; il faut, ainsi que nous l'avons déjà dit, que le corps soit effacé et bien assoupli sur les reins, et enfin que le poignet et le coude agissent pour l'exécution des mouvements des parades.

90. — Nous avons fait connaître, en parlant de l'attaque, que l'on peut porter un coup d'épée de huit manières différentes ; de là huit coups d'épée et huit parades simples.

Nous allons les expliquer.

Il y a deux parades principales :

La quarte et la tierce.

Toutes les autres dérivent de ces deux là.
Ainsi, par la quarte, nous avons :

La sixte, la septime et l'octave.

Par la tierce, nous avons :

La quinte, la seconde et la prime.

Nous avons donc huit parades, et en expliquant leur formation, nous allons forcément reconnaître une corrélation entre les mouvements d'attaque et les mouvements des parades, et cela par la position de la main et la direction des bras, et conséquemment de la pointe.

Notions préliminaires sur les parades.

91. — La *parade simple* est celle qui prend le moins d'espace pour joindre l'épée de l'assaillant, soit dans le haut, soit dans le bas, soit dans le dedans, soit enfin dans le dehors.
Exemple :
Je suis engagé en quarte, l'adversaire me tire sixte, c'est-à-dire un dégagement sur les armes; si je pare tierce ou sixte, j'ai chassé l'épée de côté où elle se dirigeait, j'ai donc formé une parade simple, et mon épée est toujours dans la ligne de dessus.

Elle. détourne ou frappe le fer de l'ennemi du côté où l'on tire : 1° par l'opposition, qui n'est autre chose que le mouvement du poignet par lequel on pare un coup.

Ainsi, on oppose quand on courbe son poignet (voir le dernier paragraphe du n° **10**) de façon que la convexité regarde le fer ennemi; par ce moyen on l'éloigne de la ligne sans déranger la pointe de son épée (Voir le n° **9**).

92. — Puisque nous parlons de l'opposition comme parade, nous en profiterons pour faire remarquer que dans l'attaque, ou bien lorsqu'on porte un coup, le coude doit être rentré un peu en dedans et ne partir que du poignet et de la saignée pour obtenir des mouvements fins et rapides, car, si on raidissait le bras, on indiquerait son mouvement à l'adversaire.

93. — Toutes les fois que l'on oppose le fort de son épée à la pointe de l'adversaire, ce qui doit se faire près du corps, si la parade n'a pas produit d'absence d'épée, on attend qu'il se relève pour riposter. On appelle ces ripostes, ripostes à temps perdu.

2° Par le tact d'épée, on entend rendre la riposte aussitôt après la parade, dans la même ligne, d'un seul trait et sans changer de position.

Quand on pare de tact, on riposte droit; en général, on rend la main commé on a paré.

On entend par parade du tact au tact, rendre une riposte après avoir paré la riposte de l'adversaire, souvent étant fendu.

Les ripostes du tact au tact sont les moins difficiles et les plus naturelles, tandis que la riposte à temps perdu est une combinaison de l'art, car il faut compter sur le temps que met l'adversaire pour se relever, si sur ce mouvement il est en défense, et enfin s'il ne charge pas le fer; c'est ce qu'on appelle : *coup jugé*.

3° Par la parade de *contraction* on entend celle qui, contrairement à sa direction, ramène de force le fer ennemi d'une ligne haute dans une basse, ou d'une basse dans une haute.

Exemple :

Je suis engagé en quarte, vous me tirez sixte ou tierce, j'oppose sixte et baisse la pointe en septime, en croisant sur votre fer.

Quelquefois aussi c'est une parade circulaire qui, prise à faux, produit un embarras dans l'épée.

Exemple :

Je suis engagé en quarte, vous me tirez une-deux de volée; à peine vous quittez le fer pour faire votre feinte, je forme un contre; il y a forcément embarras dans l'épée, c'est ce qu'on appelle parade de contraction. Un tireur de première force appelle cette parade contre-opposition ou contre-opposé.

OBSERVATIONS.

Nous ne saurions trop recommander aux maîtres d'enseigner le plus méthodiquement possible, afin d'éviter quelque confusion qui résulterait de l'abondance des détails dans l'art de l'escrime.

Avant d'arriver à la formation des parades, ils donneront pour règle à leurs élèves d'éviter tout mouvement d'épée trop large, autrement dit, le chemin le plus long pour aller aux parades, ou le choix d'une parade qui ne conviendrait pas; en un mot, tout ce qui causerait un abandon de l'épée, et qui aurait de grands inconvénients dans l'attaque comme dans la défense.

Exemple :

Si après la parade de prime, vous prenez le demi cercle, plutôt que la seconde, vous avez abandonné l'épée.

Formation des parades.

94. *Prime*. — Elle se forme la main en tierce et à la hauteur du front, le pouce en dessous, le bras un peu ployé, la pointe un peu baissée (Voir le n° **61** pour le coup de prime) tenir la lame de l'adversaire à la hauteur du front. C'est la parade la plus naturelle (Pl. IX).

Nous avons ensuite la *prime-volante* qui consiste à riposter immédiatement dans la ligne basse après avoir paré à la hauteur du front. Jadis on l'appelait aussi : *prime-seconde*.

Exemple :

Sur mon coup de sixte (ou quarte sur les armes) forcé, opposez et tirez prime-volante.

Cette parade garantit toute la ligne haute ; elle est excellente contre les mauvais jeux.

On peut aussi couper sur prime, mais alors parer et riposter ne doivent faire qu'un temps par la vitesse. Ce mouvement s'exécute en renversant la main de tierce en quarte et en tirant au corps dans le haut du dedans.

95. *Seconde.* — Cette parade se forme aussi avec la main de tierce, à la hauteur du sein, la pointe dans la direction du dehors de l'adversaire (Pl. X).

Elle est excellente contre les mauvais jeux à main basse ; il faut bien se garder de s'en servir contre un fort tireur qui saurait à propos tirer sur les armes, et dans ce cas elle ne peut être que mauvaise parce qu'elle découvre presque tout le dessus.

La parade de seconde se prend très-bien après celle de prime ; quand celle-ci est trompée, c'est le chemin le plus court.

96. *Tierce.* — Cette parade garantit le haut du dehors ou le dessus des armes ; elle couvre la partie laissée sans défense par la seconde.

Elle se forme la main à hauteur du sein, les ongles un peu en dessous (Voir le n° **65.** — Observations). La pointe à hauteur de l'œil de l'adversaire, le bras un peu raccourci; opposer l'angle inférieur du fleuret (Pl. XI).

97. *Quarte*. — Elle garantit le haut du dedans et couvre ou défend l'espace laissé découvert par la parade de tierce.

Elle se forme la main à hauteur du sein, les ongles un peu en dessus, la pointe à hauteur de l'œil de l'adversaire; opposer l'angle inférieur du fleuret (Pl. XII).

98. *Quinte*. — Elle garantit le bas du dedans, c'est-à-dire qu'après avoir paré quarte dans les armes, on a imaginé la quinte pour couvrir ou fermer la ligne de dessous.

Elle se forme avec la main basse et en tierce fortement prononcée, le fer placé parallèlement au sol et en travers du corps.

Dans cette position, il faut appuyer l'épée par le travers et quand on a joint celle de l'adversaire, sans quitter son fer, tourner la main en quarte et riposter dans cette position en ligne droite de quarte. Cette parade s'employait jadis contre les jeux cavés; il en résultait quelquefois un désarmement, ce qui lui faisait donner le nom de brisement du poignet (Pl. XIII).

99. *Sixte* (ou quarte sur les armes). — Comme la parade de tierce, elle sert à couvrir le haut du dehors, laissé à découvert par la quinte. Elle s

forme à droite, la main à hauteur du sein et légèrement tournée en quarte, la pointe à hauteur de
l'œil de l'adversaire (Pl. XIV).

100. *Septime* (ou demi-cercle). — Par suite de
la parade de sixte, le haut et le bas du dedans
étant à découvert, on emploie le demi-cercle.

Cette parade se forme avec la main de quarte, le
poignet à hauteur du menton, la saignée déployée,
la pointe (décrivant une ellipse en allant de gauche
à droite) dirigée sous le sein de l'adversaire
(Pl. XV). D'après Laboëssière, le demi-cercle doit
couper trois et même quatre lignes ; c'est à tort
que quelques professeurs l'enseignent, la main à
hauteur du sein.

101. *Octave.* — Cette parade, en tout pareille à
le septime, se prend en dehors, c'est-à-dire, de
droite à gauche, afin de parer les coups que l'on
porterait en trompant le demi-cercle. (Pl. XVI.)

L'octave et le demi-cercle réunis forment une
ellipse.

102. Voilà donc nos huit parades simples autrement dit : une parade pour chaque coup qui porte
son nom.

Dans l'assaut, les coups étant tirés de vitesse,
il est rare qu'on ne puisse les parer par la parade
du même nom ou par l'opposition ; il n'en est pas
de même de la parade double ou contre, par le

fait que cette parade devient plus lente en passant la pointe devant le corps, où le pareur, d'après son coup-d'œil, prendra le simple.

Du reste, il est parfaitement reconnu que celui qui est arrivé à ne prendre que des simples est un habile et fin tireur d'épée. La parade simple ne coupe qu'une ligne.

103. — Nous recommandons d'une manière toute spéciale aux professeurs ou maîtres enseignants de faire exécuter à leurs élèves toutes les parades, telles que nous les avons exposées, en allant de la prime à l'octave et de l'octave à la prime, jusqu'à ce qu'ils les fassent sans la moindre hésitation, avec justesse et avec à-propos.

Ils en feront l'objet d'une leçon particulière et aideront l'élève à faire les parades par suite du placement ou de la direction de leur épée et sans le faire riposter afin que son attention soit portée entièrement sur la manière de former ses parades; le professeur n'oubliera jamais d'expliquer et de démontrer avant de les faire exécuter (Voir les n°s 3 et 4).

QUATRIÈME LEÇON.

104. *Engagement d'épée de quarte.*

Je tire	prime (en dégageant).	Parez	prime.
—	seconde.	—	seconde.
—	tierce.	—	tierce.
—	quarte.	—	quarte.
—	quinte.		quinte.
—	sixte.	—	sixte.
—	septime.	—	septime.
—	octave.	—	octave.

Engagement d'épée de tierce.

Je tire	quarte.	Parez	quarte.
—	quinte.	—	quinte.
—	sixte.	—	sixte.
—	septime.	—	septime.
—	octave.	—	octave.

Après quelques répétitions, le professeur essaiera de les faire exécuter à la muette, en y joignant la riposte

105.— Pour réussir à bien former les parades, on ne doit agir que par de très-petits mouvements de la main, sans faire le moindre mouvement du corps, afin de tirer avec à-propos; éviter de faire des parades en reculant, car alors il est inutile d'avoir appris à parer pour se sauver, mais s'habituer à bien rencontrer le fer de l'adversaire, et, après qu'on s'en est assuré, partir vivement avec un beau développement et une main bien soutenue [1].

Il importe que l'élève soit parfaitement familiarisé avec les huit parades simples, afin qu'il ne soit pas surpris par une attaque quelconque ; par ces belles parades il aura plus de confiance et fournira les plus vives ripostes, car « le grand secret des armes consiste à parer juste et ferme et à riposter avec vitesse. » .

Des ripostes et des contre-ripostes.

106. — La *riposte*, son nom seul sert à le définir, c'est l'attaque qui suit la parade.

Chaque parade a sa riposte. On est regardé comme bon tireur lorsqu'on pare avec jugement et qu'on riposte avec vivacité.

Il y a, en escrime, deux manières de riposter : l'une dans le temps que l'adversaire porte son coup (riposte du tact d'épée n° **93**), et l'autre dans le temps qu'il met pour reprendre la garde (riposte à temps perdu n° **93**.)

La première ne convient qu'à ceux qui sont bien affermis dans le maniement de l'épée, car elle exige beaucoup de précision, un coup d'œil juste, une parade ferme, puisque l'adversaire, qui n'a

---

1. Les parades de tierce et de sixte seront faites, en même temps que le tourné du poignet, avec une légère élévation de la main jusqu'à la hauteur de l'épaule droite. C'est important.

pas fini son coup, doit recevoir la riposte au corps.

La seconde, qui est la riposte dans le temps qu'il met pour se relever après avoir attaqué, se fait en le touchant au corps avant que son pied droit pose à terre, lorsqu'il se remet en garde.

107. — Il faut, d'après Lafaugère: 1° ne pas riposter avec trop de précipitation, afin de se rendre compte si l'adversaire se relève ou fait semblant de se relever, s'il est couvert étant fendu, et par ce moyen, éviter une reprise de main de sa part; 2° appliquer la riposte à chacune de ces positions; 3° riposter par le coup droit si la parade a renvoyé l'épée adverse, dégager ou tirer une-deux si l'adversaire presse votre épée en se remettant en garde, et enfin couper sur pointe, s'il a la main basse en se relevant, et ne tirer jamais dans le fer (Voir le n° **28**).

108. La *contre-riposte*, comme l'indique son nom, c'est rendre une riposte après avoir paré la riposte de l'adversaire, dite *parade du tact au tact* (Voir le n° **95**.)

Par ce qui précède, le lecteur a compris qu'on emploie dans la riposte les mêmes coups que dans l'attaque, en tenant compte de la position de l'adversaire.

Des contres et des doubles contres.

109. — Le *contre* est une parade circulaire qui a pour but de ramener l'épée de l'adversaire dans votre ligne d'engagement, quelle que soit la ligne où l'attaque ait été exécutée. Il coupe deux lignes ; chaque parade a son contre.

Cette parade se forme par la pointe décrivant une ellipse en passant par-dessous la lame de l'adversaire, au moyen de la rotation de la main sur son poignet, et revenant, après son parcours, au point où l'on était en garde et où l'on doit être couvert à la fin du mouvement (Voir le n° **71.** — Observations).

Exemple :

Engagez l'épée de tierce ; je vous tire un dégagement dans les armes, si, après votre parade circulaire, vous vous retrouvez en tierce, vous aurez paré le contre de tierce.

Il en sera de même dans un engagement d'épée en quarte.

110. — Les contres dans les lignes basses se prennent d'après les mêmes principes que dans les lignes hautes, avec cette différence que la lame du pareur passe par-dessus la lame de l'adversaire.

Ils sont d'une grande utilité pour travailler la main, assouplir le poignet et donner de la retenue au corps.

111. Les *doubles-contres* (ou deux fois le contre) sont aussi d'une extrême utilité (Voir pour l'exécution le n° **54** *bis*).

Par les contres, les doubles contres et les contre-dégagements, on peut beaucoup faciliter les tournés du poignet dans les diverses parades, lesquelles reçoivent une grande vitesse par suite de l'élasticité et de la souplesse de la main.

C'est enfin par le travail des contres qu'on arrive à parer par des simples, ce qui est une des plus grandes difficultés en escrime, mais ce qui est aussi très-avantageux (Voir le n° **102**).

Du liement et du demi-liement ou croisé.

112. — Lier et croiser l'épée de l'adversaire, c'est la joindre en coulant et en appuyant brusquement du fort au faible par-dessus son poignet pour la chasser, ou au moins pour l'ébranler dans la tenue d'épée.

On les emploie généralement contre les tireurs qui tendent le bras ou qui mettent beaucoup de force.

113. — Le liement est complet si vous revenez dans la ligne où vous étiez engagé, tout en ramenant l'épée de l'adversaire.

Le demi-liement ou croisé est celui qui passe de la ligne de dessus à celle de dessous, sans quitter l'épée adverse.

Si vous êtes engagé dans les armes, en croisant avec la main de tierce, vous avez exécuté un croisé de seconde. (On l'appelle aussi flaconnade et barrement).

Si vous êtes engagé sur les armes, en croisant avec la main de quarte, vous avez exécuté un croisé de demi-cercle.

Dans ce dernier mouvement, le poignet doit être à hauteur du menton comme pour la parade de septime.

114. — Le liement complet et le croisé, par suite d'une légère absence d'épée (Voir le n° **18**), peuvent fournir un beau coup, mais il faut être leste et sûr de soi-même.

Afin de réunir d'une manière complète les détails de ces mouvements, le professeur en fera l'objet d'une leçon particulière.

CINQUIÈME LEÇON.

115. — *Liement de fer sur le coup droit.*

Engagement de l'épée de quarte.

Je tire quarte à fond; opposez et coulez brusquement en liant ma lame et en la ramenant avec vigueur dans la ligne du dedans, ripostez quarte.

Engagement de l'épée de tierce.

Je tire sixte à fond ; opposez et coulez brusquement en liant ma lame et en la ramenant avec vigueur dans la ligne du dehors, ripostez sixte.

116. — *Liement de fer contre le dégagement.*

Engagement de l'épée de tierce.

Je dégage et tire quarte ; opposez et coulez comme pour le coup droit, ripostez quarte.

Ou bien :

Contre-dégagez, liez ma lame, ripostez sixte.

117. — *Demi-liement ou croisé sur le coup droit.*

Engagement de l'épée de tierce.

Je tire sixte à fond ; opposez et coulez brusquement, croisez en main de quarte, ripostez septime.

Je tire quarte à fond ; opposez et coulez brusquement, croisez en main de tierce, ripostez seconde.

118. — *Demi-liement ou croisé sur le dégagement.*

Engagement de l'épée de quarte.

Je dégage et tire sixte ; opposez, coulez, croisez, en main de quarte, et riposte septime.

Ou bien :

Contre-dégagez et croisez seconde.

Engagement de l'épée de tierce.

Je dégage et tire quarte ; opposez, coulez, croisez en main de tierce et riposte seconde.

Ou bien :

Contre-dégagez et croisez septime.

119. — Si donc, après votre parade simple ou double, vous vous troùvez dans l'engagement de l'épée de quarte, vous croisez seconde, si c'est dans l'engagement de tierce, vous croisez septime.

Pour donner le plus possible d'élasticité et de liant à la main, il faudrait joindre à l'exercice des contres et des doubles contres celui du liement et du croisé du fer, d'autant plus qu'ils sont utiles pour combattre les gauchers (Voir le n° **19**).

Il importe que l'élève apprenne à lier le fer en tout sens ; les professeurs ajouteront aux liements que nous venons d'expliquer, le liement en prime

et à ramener, après chaque liement, l'épée de seconde en quarte et de septime en tierce ; bien
envelopper sert toujours et principalement contre
les mauvais jeux.

Des feintes.

120. Faire une feinte, c'est marquer le dessein
de tirer d'un côté et exécuter le coup de l'autre.
La feinte sert à connaître le jeu de l'adversaire
pour tromper sa parade.

Pour faire les feintes avec facilité, il faut avoir
la main moyenne, c'est-à-dire, entre quarte et
tierce, car cette position vous procure l'avantage
de passer vivement à toutes les autres positions
et d'arriver à la finale avec la main plus particulièrement tournée de quarte que de tierce, lorsque
les feintes sont tirées dans le haut des lignes.

L'escrime comprend une feinte pour chaque
coup : feintes de coup droit, de dégagement, de
l'une-deux, de coupé, de seconde, etc.

Ce n'est jamais par de grands mouvements du
corps ou de la pointe qu'on peut forcer son adversaire à précipiter sa défense, mais en tenant la
pointe ferme et droite au corps et en recherchant
l'épée de son adversaire avec le mouvement seul
du poignet.

On doit autant que possible faire les feintes en
mesure, afin d'être en état de porter plus vivement
la pointe au corps.

Des coups composés.

121. — Les *coups composés* sont ceux qui sont précédés d'une ou plusieurs feintes, sans toutefois en faire jamais au delà de trois, car on serait exposé alors aux coups de temps.

Les coups composés tournent quelquefois contre ceux qui les emploient.

Les coups simples, avec le secours d'une attaque à l'épée, présentent presque toujours quelque avantage.

Du salut des armes.

122. — Le *salut des armes* (le mur) tend à disparaître de jour en jour, et pourtant c'est un exercice qui donne aux membres de la souplesse et au corps une belle attitude.

Il serait bon de le faire répéter de temps en temps, surtout par les jeunes élèves.

Plastronner ou résumé des premiers principes.

123. — Nous venons de traiter séparément et en détail les différents principes sans lesquels il n'est pas possible d'acquérir une certaine habileté dans les armes.

Nous avons dit aussi que le meilleur moyen pour y parvenir est de raisonner toutes les parades et tous les coups admis. Il ne reste plus au professeur qu'à bien en expliquer le mécanisme et l'élève finira par connaître l'avantage qui peut en résulter pour lui, en faisant une attaque ou une parade de telle manière plutôt que de telle autre, s'attachera à les pratiquer, y parviendra naturellement, et puis on fait beaucoup mieux ce que l'on comprend bien.

124. — Les leçons sur le plastron du professeur sont les plus importantes, en ce qu'elles affermissent, avec le concours de l'assouplissement, sur les premiers principes qui font la base des armes (Voir le n° **39.**)

125. — Nous conseillons aux élèves de ne pas manquer de patience, car une fois les premières difficultés surmontées, cet exercice devient extrêmement attrayant, tant pour l'aisance qu'il donne que pour le plaisir que l'on éprouve en acquérant de la vitesse.

Leçons au plastron.

126. — Les leçons au plastron ne sont autres que celles que nous avons expliquées jusqu'ici, depuis le coup et la parade les plus simples jusqu'aux mouvements les plus compliqués.

Elles seront données également dans les deux lignes et à la voix du maître.

127. — Nous allons tracer les points sur lesquels il faudra insister, au fur et à mesure que le cas se présentera :

1° Tirer de pied ferme, c'est-à-dire sans rompre sur les attaques.

2° Procéder par attaque et riposte alternativement entre l'élève et le maître. Nous croyons inutile de rappeler aux maîtres qu'ils doivent faire le simulacre de toucher l'élève, et nous disons à l'élève de ne pas tirer avec violence, afin de ne pas contracter des habitudes qui pourraient avoir des conséquences fâcheuses.

3° S'attacher à faire ressortir la diversité des attaques, des parades et des ripostes, afin que l'élève en saisisse bien la différence et en fasse l'application.

4° Empêcher l'élève de tirer dans le fer, mais l'habituer, lorsque la ligne droite est fermée ou que l'adversaire (ici c'est le maître) presse le fer à sa retraite, à dégager, à tirer une-deux ; au besoin, une-deux-trois ; à couper sur pointe si l'adversaire a la main basse ; à lier en croisant le fer, si l'adversaire a la main à hauteur de l'épaule et la pointe un peu basse ; en un mot, corriger dès le début les défauts très-communs aux commençants.

5° Appliquer aux différentes attaques à l'épée et aux feintes le mouvement de se loger ; le mouvement d'écraser les jarrets, et enfin, — ce qui est un grand point en escrime — de se remettre en garde

d'un seul temps pour être prêt à faire la contre-
riposte ou une reprise d'attaque.

6° Tirer, en marchant et en rompant, soit le
coup droit, soit le dégagement et quelquefois une-
deux.

7° Les reprises auront une durée de huit à dix
minutes au plus; leur intervalle sera marqué par
un repos de trois à quatre minutes. Nous ren-
voyons le lecteur à l'article spécial n° **20.**

Tirer et parer à toutes feintes.

(Voir le n° **40.**)

128. — Cet exercice est plus utile que nous ne
pouvons le dire, si vous le reprenez souvent.

Après avoir travaillé avec le professeur, vous
mettez en pratique avec un élève les leçons que
vous avez prises au plastron. C'est alors que vous
pouvez juger de mieux en mieux les parades qu'il
faudra préférer et les ripostes que vous devez leur
faire succéder, en allant par degrés du plus simple au plus difficile, avec des feintes.

Exemple :

Si votre adversaire tire quarte, parez quarte et
à sa retraite dégagez et tirez sixte.

A votre tour, tirez tierce, il pare tierce et à
votre retraite, il dégagera et tirera quarte.

Parez ainsi, alternativement, quarte et tierce
en dégageant et en serrant bien vos mouvements.

Tirez et parez sur des engagements et des dégagements, sur des battements et des feintes.

Exercez-vous surtout à parer une-deux par
deux oppositions, et sur la finale bien écraser les
jarrets, et dans cette attitude enlever un coup droit
en riposte.

Doublez les contres, contre-dégagez et contre-
passez le fer.

Parez et ripostez par la prime, la seconde, la
septime et l'octave qui fournit un joli coup de
temps dans la ligne du dehors en parant haut par
la sixte et ripostant bas avec la même main.

129. — Nous n'avons pas fait mention du liement
et du croisé, par la raison que ces mouvements
doivent être bien faits, sinon ils durcissent la main.
En conséquence, l'élève ne devra s'y exercer
qu'avec son professeur, et quand il est parvenu
à les bien saisir au plastron, il ne devra encore
les hasarder qu'avec de forts tireurs. Il faut beaucoup de liant à la main pour les réussir.

D'autre part, rarement on verra entre deux forts
tireurs des croisés, parce qu'ils auront leur garde
haute et flexible, la pointe légère, et par ce moyen,
non-seulement ils éviteront la pression en cédant,
mais même ils seront prêts à partir aussitôt :
c'est ce qu'on appelle avoir la pointe et la main lé-
gères.

Leçons à la muette.

(Voir d'abord le n° **41**.)

150. — C'est le moment impatiemment attendu par l'élève; c'est le premier exercice qui va lui permettre de mesurer ses forces avec son maître et lui ouvrir la porte de l'assaut.

Ce dernier travail exige de la part du professeur les plus grands soins et l'attention la plus soutenue sur tous les mouvements de son élève.

Nous allons indiquer approximativement la marche à suivre :

1° Le professeur, après s'être placé en garde avec son élève, placera sa main de manière à provoquer les coups droits, alternativement dessus et dedans. Il exigera que l'élève reste bien à sa place.

2° Il marchera sur l'élève et serrera sur les engagements pour l'habituer à dégager sur les pressions et le forcer à tirer.

Si le professeur marche la main basse, l'élève tirera le coup droit.

3° Il trompera le fer sans jamais toucher l'élève, précaution d'autant plus nécessaire que ce dernier finira par sentir la nécessité de parer et s'y appliquera pour y parvenir par l'action de la main et le jeu des doigts; il en serait autrement, si jamais l'élève était touché par son maître : il ne craindrait plus que le coup de bouton, ferait mal la parade, n'en ferait plus du tout, se sauverait à la fin.

4° Le professeur engage le fer en sixte et fait un faux battement sur les armes, il tire dans la ligne de seconde pour obliger l'élève à parer le demi-cercle.

Il contre-dégagera lentement pour lui faciliter la parade d'opposition.

Il recommencera le coup droit pour faire prendre la prime, et sur la prime, il passe en seconde, pour que son élève saisisse le temps en seconde par opposition. Il l'exercera de même au demi-cercle, en octave, mais il fera observer que lorsqu'on a pris l'opposition dans les lignes basses, qu'on ait touché ou non, il faut se relever en liant le fer au contre de quarte ou de tierce, selon le cas.

5° Dans le cours de ces petits assauts, le professeur amènera l'élève à faire beaucoup de contres, qu'il trompera souvent pour l'accoutumer à doubler dans tous les sens, car un pareur qui réussit bien dans ses parades est très-difficile à toucher.

6° Si le professeur remarquait un jeu désuni chez son élève, il ordonnerait le repos et s'attacherait à lui faire connaître les défectuosités qu'il a remarquées dans son travail.

131. — En attendant donc qu'il ait acquis la régularité nécessaire, il ne devra tirer qu'avec son professeur, parce qu'il est difficile de trouver des élèves assez complaisants pour tirer d'après la faiblesse de l'élève qui s'exerce avec eux, et tirer avec des élèves trop forts, cela le retarderait au lieu de l'avancer.

De l'assaut.

132. — C'est la combinaison intelligente de tous les principes qui ont été appliqués dans l'attaque et la défense, en sachant allier la vitesse au jugement et le sang-froid à la confiance qu'inspire le savoir.

Dans l'assaut, il faut que le coup d'œil commande à la main et que de suite les jambes obéissent.

Quelques avis essentiels.

Le professeur préviendra ses élèves qu'ils doivent mettre de côté tout amour-propre mal entendu. Si ce défaut existait, ils n'auraient qu'à renoncer d'avance à l'avantage de devenir forts; ils seraient tout au plus des ferrailleurs.

Il faut donc moins chercher à toucher qu'à bien conserver les positions dont on s'écarte trop souvent.

Ils doivent, en commençant l'assaut, s'assurer de la fermeté de leurs jambes; parer en ramassant le fer par des parades serrées; ne jamais s'écarter de la ligne de direction du corps de l'adversaire; rendre la riposte aussitôt que l'on a trouvé le fer, et ne jamais parer deux fois de suite sans riposter, sinon l'adversaire pourrait redoubler.

Une fois en mesure, habituez-vous à ne pas rompre ni marcher de suite, mais de votre place à faire franchement des attaques que l'on peut précéder d'engagements et de petites attaques à l'épée faites avec finesse et se terminant par un coup tiré à fond.

On fait ensuite des engagements en gagnant la mesure par de très-petits pas, en s'assurant bien du fer de l'adversaire, dans le cas où il viendrait à tirer; être constamment sur ses gardes pour être à même de parer et de riposter ou même de prendre le temps.

On ne se distingue jamais que par une belle simplicité en attaque, parade et riposte.

Un élève (ou tireur) intelligent doit avoir la facilité de varier son jeu autant de fois qu'il se présente de nouveaux adversaires, car le mérite consiste à opposer à tel ou tel autre jeu celui qui convient le mieux; enfin pour bien tirer, il ne faut jamais être le même.

Ensuite :

Que votre assaut n'excède pas un quart d'heure, car celui qui sait ménager ses forces et conserver son sang-froid aura toujours beaucoup plus d'avantages que le tireur qui manque d'esprit et se livre à une fougue toujours dangereuse.

Afin d'éviter une attaque brusque ou imprévue, avoir l'attention de se mettre en garde hors la mesure.

Se tenir plutôt sur la défensive que de prendre l'offensive.

Après un coup porté, se relever vivement en garde.

Parez plutôt par le simple que par le contre ; cette dernière parade doit être prise quand vous ne jugez pas.

Ne jamais parer et tirer sans être parfaitement couvert contre le fer de l'adversaire.

Cherchez à pressentir les parades de l'adversaire pour les tromper plus facilement.

Il faut étudier les coups qui offrent le plus de certitude et repousser tout ce qui n'est pas naturellement praticable, l'épée à la main.

Cherchez la vitesse dans un jeu régulier et serré. Les doubles feintes et les prises de temps sont quelquefois dangereuses ; ayez toujours recours à une simple et ferme parade et à une brillante riposte.

Dans les jeux irréguliers, ripostez autant que possible du tact au tact.

En tirant avec une personne que l'on ne connaît pas, il est prudent de donner peu de lame ; il faut tâter légèrement le fer, faire des feintes et des attaques, changer quelquefois sa garde en levant et baissant le poignet.

Masquez bien vos attaques, les battements surtout, car on est bien exposé, si le mouvement est surpris.

Attaquez, autant que possible, sur préparations, telles que marches, engagements, absences d'é- pée ; sur une épée tranquille, procédez par une attaque à l'épée.

Et n'oubliez pas que deux adroits tireurs com- battent plus de la tête que de la main.

RÉSUMÉ GÉNÉRAL

---

155. — L'escrime est une science qui a ses principes et ses règles. Nous allons en esquisser les éléments :

1° Le professeur doit rompre le corps de l'élève aux différentes positions pour rendre les articulations faciles et donner de la souplesse dans les mouvements.

2° Il apprendra ensuite à exécuter les mouvements du bras et surtout de la main, qui portent les coups à l'adversaire ou qui tendent à éloigner les siens ; les premiers se nomment *coups*, les seconds *parades*.

3° Il enseigne à mêler ces mouvements pour tromper l'adversaire par de fausses attaques, ce qu'on appelle *feintes*.

4° Enfin il apprend à se servir à propos des feintes et des parades ; cette partie de l'escrime se nomme *assaut* : c'est l'image du combat.

Puissiez-vous, ami lecteur, ne jamais tirer l'épée si ce n'est pour défendre votre pays.

FIN.

TABLE DES MATIÈRES

TROISIÈME PARTIE.

FIN DE LA TABLE.

Pointe.
Partie Quadrangulaire.
Le faible de l'Epée ou partie offensive.
Le mi-fort.
Le fort de l'Epée ou partie défensive.
Lame
Soie.
Lunette. Coquille ou Garde.
Poignée ou Fusée.
Pommeau.

Main de quarte.

Main de tierce.

Main moyenne ou naturelle.

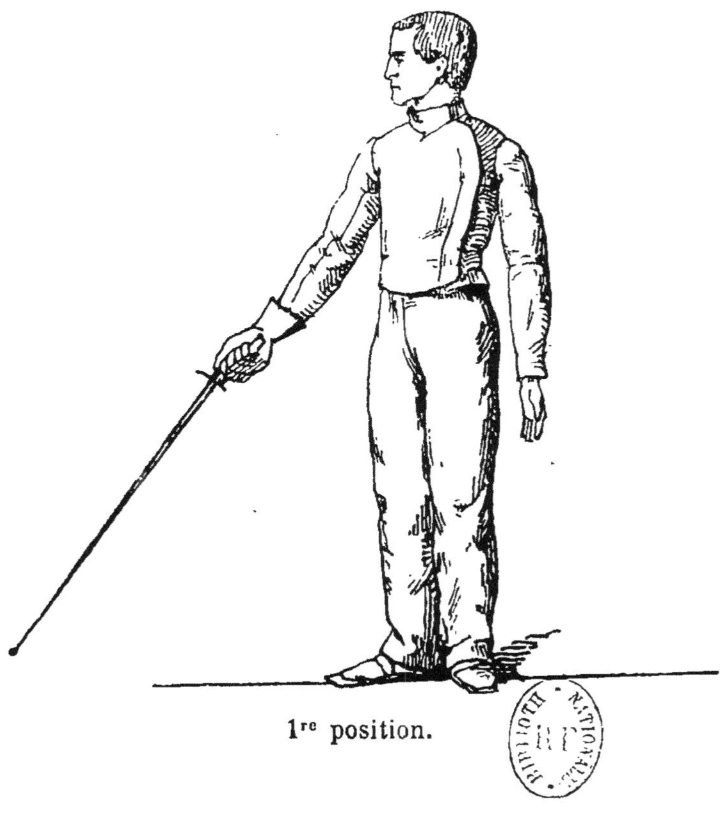

1re position.

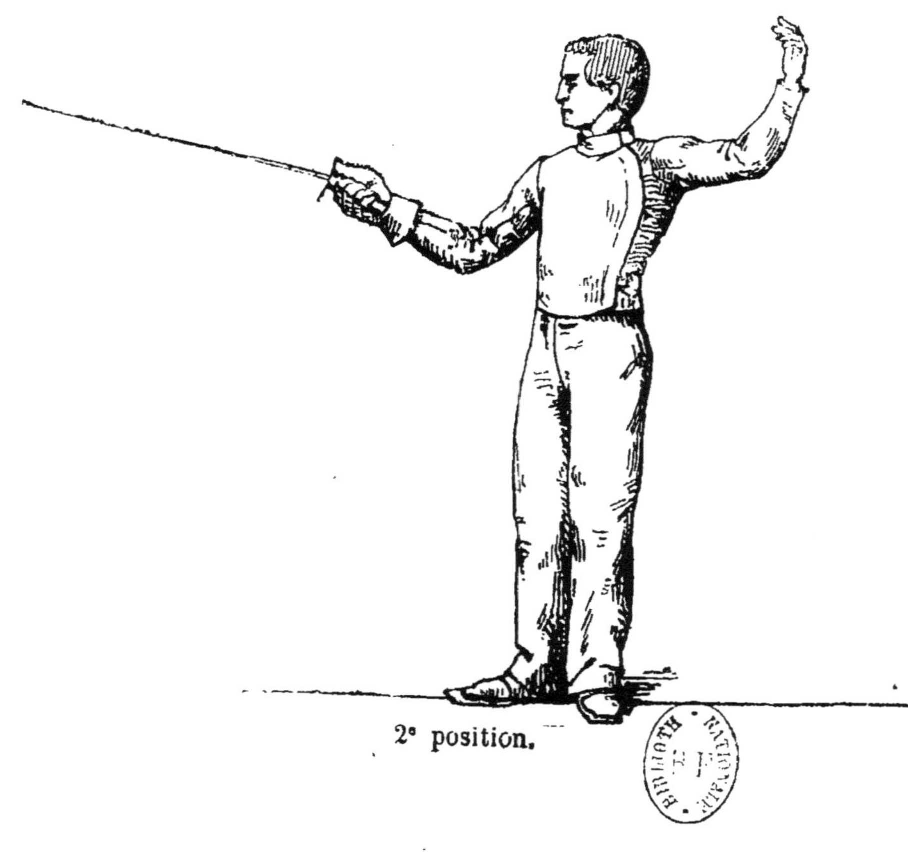

2° position.

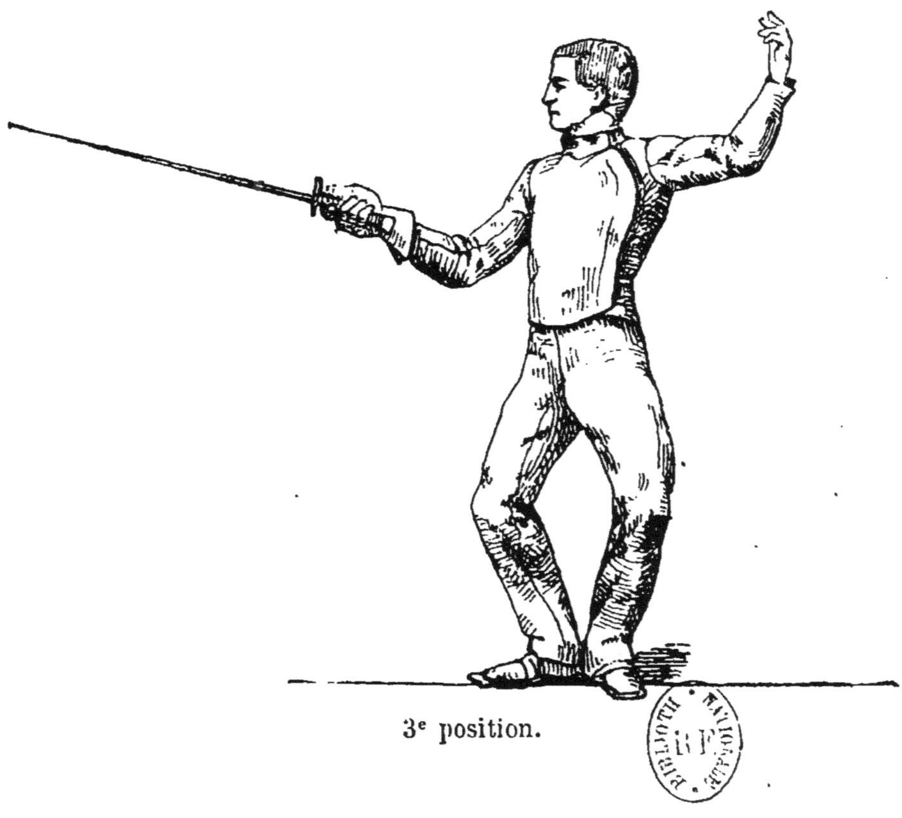

3e position.

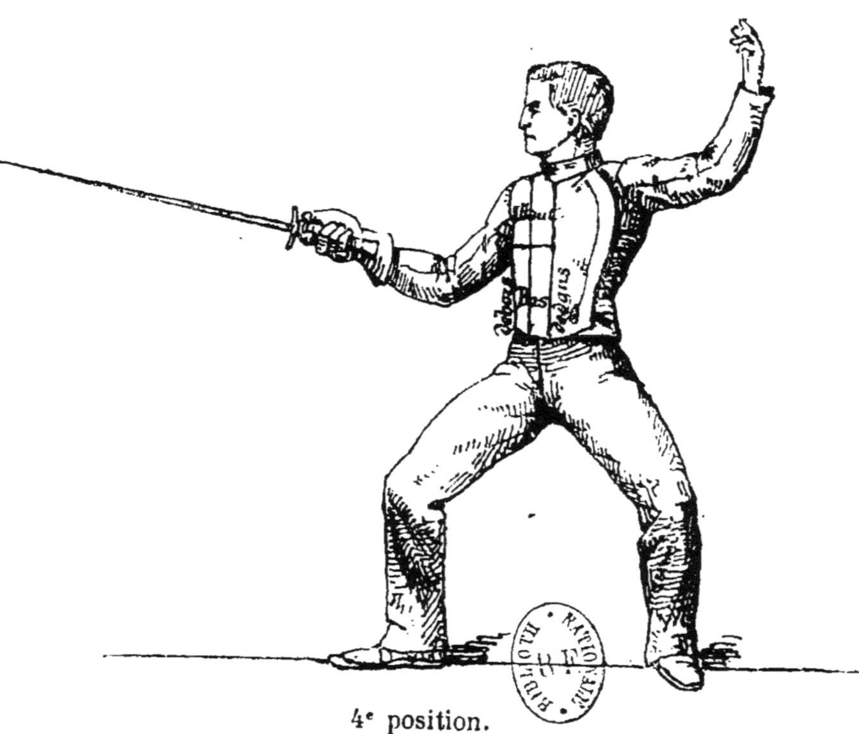

4e position.

5e position.

6e position.

Pl. IX.

2.

Coup de prime paré par la prime.

Coup de seconde paré par la seconde.

Coup de tierce paré par la tierce.

Coup de quarte paré par la quarte

Pl. XIII.

Coup de quinte paré par la quinte.

Coup de sixte paré par la sixte.

Coup de septime paré par la septime.

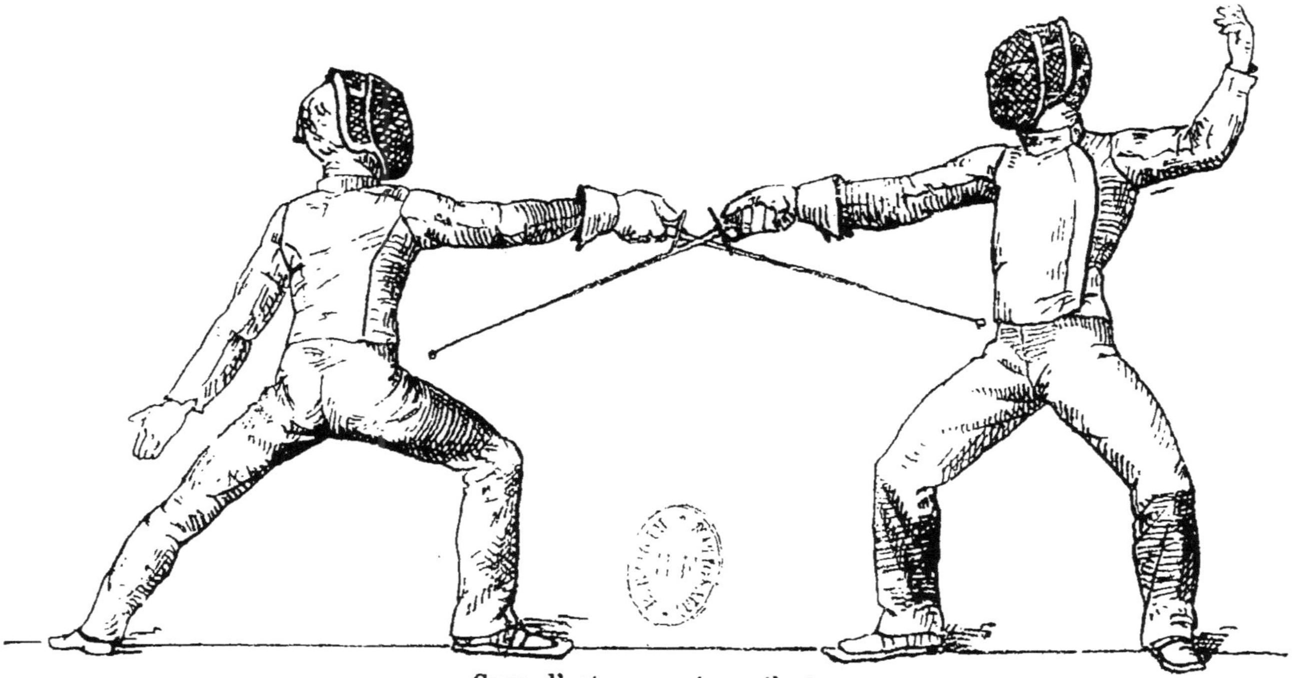

Coup d'octave paré par l'octave

PARIS. — TYPOGRAPHIE LAHURE
Rue de Fleurus, 9